珍藏本·增订本

纪念版

汉译世界学术名著丛书

过去和现在的政治经济学

对经济政策中主要理论的考察

〔英〕莱昂内尔·罗宾斯 著

陈尚霖 王春育 译

商务印书馆

SINCE1897 The Commercial Press

Lord Robbins

POLITICAL ECONOMY: PAST AND PRESENT

First published in English under the title

Political Economy: Past and Present—A Review of Leading Theories of Economic Policy

by Lord Robbins

汉译世界学术名著丛书
（120年纪念版·珍藏本）
增订本出版说明

2017年10月，为纪念商务印书馆创立120周年，本馆推出“汉译世界学术名著丛书”（120年纪念版·珍藏本），计七百种。近五六年来，仰赖学界同人倾力支持，订正旧译，增补新译，拓展新著，积累日多。为满足读者需要，本馆在七百种的基础上，继续推出“汉译世界学术名著丛书”（120年纪念版·珍藏本·增订本）三百种。至此，“汉译世界学术名著丛书”累计出版已达千种。

今后，本馆将继续推进丛书的翻译出版工作，在积累单本名著的基础上陆续分辑刊行，汇印出版。为促进中外文明互鉴、推动我国学术发展，使“汉译世界学术名著丛书”这项对我国学术文化有基本建设意义的重大工程发挥更大作用，诚望海内外学术界、翻译界继续给予支持，帮助我们把这套丛书出得更好。

商务印书馆编辑部

2024年2月

汉译世界学术名著丛书
（120年纪念版·珍藏本）
出版说明

2017年2月11日，商务印书馆迎来120岁的生日。120年前，商务印书馆前贤怀揣文化救国的理想，抱持“昌明教育，开启民智”的使命，立足本土，放眼寰宇，以出版为津梁，沟通中西，为中国、为世界提供最富智慧的思想文化成果。无论世事白云苍狗，潮流左右激荡，甚至战火硝烟弥漫，始终践行学术报国之志，无改初心。

迻译世界各国学术名著，即其一端。早在20世纪初年便出版《原富》《天演论》等影响至今的代表性著作，1950年代后更致力于外国哲学和社会科学经典的译介，及至1980年代，辑为“汉译世界学术名著丛书”，汇涓为流，蔚为大观。丛书自1981年开始出版，历时三十余年，迄今已推出七百种，是我国现代出版史上规模最大、最为重要的学术翻译工程。

丛书所选之书，立场观点不囿于一派，学科领域不限于一门，皆为文明开启以来，各时代、各国家、各民族的思想与文化精粹，代表着人类已经到达过的精神境界。丛书系统译介世界学术经典，引领时代思想，为本土原创学术的发展提供丰富的文化滋养，为推动中国现代学术和现代化进程做出了突出的贡献。

为纪念商务印书馆成立120周年，我们整体推出“汉译世界学术名著丛书”120年纪念版的珍藏本，寄望既利于文化积累，又便于研读查考，同时向长期支持丛书出版的译者、编者和读者致以敬意。

两甲子后的今天，商务印书馆又站在了一个新的历史时间节点上。我们不仅要铭记先辈的身影和足迹，更须让我们的步伐充满新的时代精神。这是商务人代代相传的事业，更是与国家和民族的命运始终紧密相连的事业。我们责无旁贷，必须做好我们这代人的传承与创造，让我们的努力和成果不仅凝聚成民族文化的记忆，还能成为后来人可以接续的事业。唯此，才能不负前贤，无愧来者。

商务印书馆编辑部

2017年10月

中译本前言

（一）

莱昂内尔·罗宾斯（1898—1984 年）是英国著名经济学家，伦敦学派的领袖之一。他出生于英格兰的米德尔塞克斯。罗宾斯的一生可以说是多姿多彩。他参加过第一次世界大战。或许正是这种经历使他形成了改变社会的愿望。1920 年，他进入伦敦政治经济学院，1923 年毕业，在做了一年贝弗里奇的研究助理之后，去牛津新学院当经济学教师。1925—1927 年他回到伦敦政治经济学院讲授经济学。1928 年，他又到新学院，在那里当研究员。1929—1961 年，任伦敦政治经济学院的经济学教授。1941—1945 年第二次世界大战期间，他受政府征调，任战时内阁办公处经济组组长。1954—1955 年任皇家经济学会会长；1959 年，获得终身贵族爵位；1962—1967 年任英国科学院院长；1961—1970 年任《金融时报》董事长。

罗宾斯的主要著作除本书外，还有《经济科学的性质和意义》（1932 年），《大萧条》（1934 年），《英国古典政治经济学中的经济政策理论》（1952 年），《经济思想史中的经济发展理论》（1968 年），《一位经济学家的自传》（1971 年）。

（二）

罗宾斯对经济学的贡献可以从以下四个方面来考虑：经济理论、经济学和哲学方法论、经济政策理论和经济思想史。

在经济理论方面，有三个贡献值得注意：一是对马歇尔的“代表性厂商”概念进行了不懈的抨击。罗宾斯认为，对厂商的均衡和行业的均衡的理解都用不着引入“代表性厂商”这个概念，因而这个概念应从分析中消除。他还倡导了对劳动供应函数的微观分析。虽然他没有明确地把工资变化分成收入效应和替代效应，但他明确地指出了实际工资率变化所引起的工时数的变动迹象模糊不清的原因。在宏观经济学方面，有必要提一下他的大萧条理论。对震撼资本主义世界的1929—1933年的大危机，罗宾斯认为其原因在于第一次世界大战后在英国出现的失业保险制度造成了工资刚性，使劳动市场机制的作用受到阻碍，出现了劳动市场供求的不平衡。并由于货币管理方面的不善，造成了货币市场的不平衡。他尤其责难调节价格和工资的政策，认为这些政策妨碍了市场机制的自行调节作用，使经济陷于大萧条。但他的这种观点在战后发生了重大变化。他转而主张“改进”市场经济，通过国家干预经济，在市场经济周围建立一种法律和制度的体系，让市场机制在这个体系内正确地发挥作用。

罗宾斯做出主要贡献的第二个领域是经济哲学和方法论。他的《论经济学的性质和意义》就是以此为主题而写的一本著作。该书的主要命题是：一、理论经济学或实证经济学应当将价值判断排除在外。如果将价值判断引入经济理论，则这种经济理论就不可能成为客观的科学。罗宾斯将经济学分成两类：一类是研究财富或福利的经济学，另一类是研究目的和手段的均衡关系的经济学。二、经济科学的研究主体并非某一特定的活动，而是所有人类行为的一个方面，即经济稀缺这个“事实”——个人和社会方面的目标无限，而满足那些目标的资源供应却有限。罗宾斯认为，经济学是“一门研究作为目的和具有不同用途的稀缺手段之间关系的人类行为的科学”。三、罗宾斯认为，经济学的中心命题是由非常基本和明显的假设以及用这些假设进行逻辑推论的过程中得出的，而且，从这些推论中能够得出基本上是定性的预言。他对经济学中定量分析工作的可行性和深远意义深表怀疑，他的主张意味着要阻止经济学中数理经济检验方法的发展。

罗宾斯的主要政策主张是倡导经济自由主义。但他所依据的理由并非因为市场解决办法比集体主义或干预主义计划拥有一些理论优势或先天优势，而是凭经验认为自由主义的办法似乎最有利于把自由与效率结合起来。在他早期的著作，如《战争的经济原因》和《阶级冲突的经济基础》中他采取了极端自由主义的立场，正是这种立场和对宏观理论的争论导致了 20 世纪 30 年代他同凯恩斯的冲突。但他后期的著作表明，他比以前更为愿意在特定例外场合限制经济自由主义。

罗宾斯在研究经济思想史方面做出了很多贡献。当前人们对这个学术分支的关注应同等地分别归功于他、瓦伊纳和熊彼特。在他专门撰写的经济思想史著作中，如《古典政治经济学中的经济政策理论》，他着重指出，英国古典经济学家并不拘泥于欧洲大陆的自由放任主义，而是把经济关系的自由看成是一般的原则，可有许多特定的例外。

（三）

《过去和现在的政治经济学》是作者根据 1974 年春应邀在开普敦大学经济学教师研讨会上的一系列演讲稿写成的。作者在演讲中试图把他过去对经济思想史的研究和当代经济政策方面的研究结合起来，系统阐述早期经济思想以及它们与当代应用之间的连带关系，所涉及的范围包括消费、生产组织、整个系统的稳定性、福利与分配及国际贸易，并力图检验这些理论在多大程度上与何种意义上是有效的。最后作者对集体主义的各个方面进行了比较，说明它在哪些方面与古典的基本规定不相矛盾，又在哪些方面有明显的冲突。

需要指出的是，罗宾斯有很多与通常见解相对立的观点。虽然他在方法上的大量研究通常被认为是先验主义和反经验主义的，然而他总是关心着现实世界的各种问题。在哲学和政策方面，他与强烈反对社会主义和反对干预的党派站在一起，但又毫不犹豫地以各种可能的方式参与政府的工作。

还必须指出的是，作者在本书中的一些观点，我们未必同意，但罗宾斯作为英国经济政策的制定和分析方面的一位重要人物和经济思想史方面的专家，他的这样一部总结性的著作还是有重要参考价值的。

本书第一章到第三章由王春育移译，其余各章由陈尚霖译出。

目　　录

前　言

本书的由来如下：1974年春，开普敦大学的朋友们邀请我到该校经济系开一讲座，并提出，经济思想史或者当代经济政策问题都可作为合适的讲课内容。

过去我曾写过几部有关经济思想史的专著，其中大部分内容都只限于阐述我本人的探究所得，并未把最终评价这些思想的逻辑正确性或其与实践的关系看作我的任务。另一方面，我也曾写过许多有关当代经济政策的论文与讲稿。这些情况很自然地就使我想到，如果能够将这两方面的研究结合起来，较系统地讲一下我所认识到的早期经济思想以及它们与当代应用之间的连带关系，很可能是合乎时宜的。早在20多年前，我在写作《英国古典政治经济学中的经济政策理论》一书的结论部分时就流露过这样的想法。在阐述了有关的古典理论之后我写道：

> 根据我们的理解和伦理要求，检验这些理论究竟在多大程度与何种意义上是有效的……将是十分令人感兴趣的。他们的市场理论在何种程度上仍为新近的分析结果所证实？为保持自由经济制度所要求的总需求在总体上的稳定性而采取的财政控制措施（它们从未就其精确性取得一致），究竟走得

多远才能既在允许范围之内又是足够有力的？他们有关财产的理论是否忽略了具有决定作用的会导致普遍垄断的技术影响？由于合股公司和有限责任原则的发展，这个理论究竟在多大程度上已经过时？我们当前在人口趋势问题上所持的观点，是如何影响到我们对慈善事业功能限度的观念的？古典经济学者对实行全面的集体主义所表示的忧虑是否有道理？

我的宽厚的主人们对我的想法完全赞同，认为我这样做正中他们的下怀。因此，我的讲座就遵循这个计划进行。

本书各章节就是依据那次讲座的讲稿写成的。曾经屈尊听讲的人会辨认出书中所用某些提法及总的论述顺序；作为最终的修订本，书中没有任何内容以任何方式背离原讲座内在遵循的思想背景。但是，当我将底稿敷写成文时，发现对某些在讲课时只来得及顺带提一下的论题有必要进一步展开，所以这本书的篇幅要比原始的讲稿长出一倍。

在按计划写作时，由于我不想用过多的篇幅去重复我在别的地方已详尽研究过的内容，所以这里对历史材料的论述与我以前在此领域中所做过的工作有所不同，不是以汇集冗长的原文引述为基础，而是尽量将其归并为某种提炼而成的理想化的模式。与先前的方法不同，这里处理的方式与其说是讲述历史，不如说是在将历史材料重新加以归纳整理的基础上进行的历史评论。行文中，不断地碰到由于论题本身的性质而不可避免地要援引我在别的书中已经使用过的材料，但我已尽了最大努力使其尽量少发生。这样做之后，我希望那些曾读过我以前著作的读者不至于感到本书有太多的重复，而没有读过那些著作的读者，不必非得参考它们才能跟得上本书的论述。自然，对后一种读者，如果他们打算涉猎我的其他著作，我仍会感到不胜荣幸。

我相信这本书的副标题"对经济政策中主要理论的考察"，充分表明了我所做努力的意图和范围。各章节标题的排列顺序是想多少反映一种逻辑结构，但就其内容来看，实际上是一系列的评价和意见，而不是全面的研究论述。我的目的只是粗略地勾画出对象的轮廓，而不是描绘出完整的图景，更不是介绍当代政策的详细计划或做出详尽的评价。归根结底，我认为我写本书的动机，是想明确陈述对有关问题的看法；在我所写的关于思想史的各种著作中，由于打算从更为不偏不倚的立场出发去研究各种思潮，我本人的观点反而只能从偶然写出的一些只言片语中推断出来。

借此机会，再一次为我及我的夫人在开普敦逗留期间受到的盛情款待，向经济系的各位同仁表示感谢。

1975 年 9 月于伦敦政治经济学院

第一章　导论及本书的安排

第一节　政治经济学——名称及学科内容

被我选作本书正标题的“政治经济学”一词具有两种不同的含义。在诸如詹姆斯·斯图尔特爵士的《政治经济学原理》以及亚当·斯密的《国富论》这些早期著作中，政治经济学泛指所有的有关经济科学以及经济政策理论的全部论述。例如，在斯密的巨著中，头三卷是对市场经济及其历史演讲的分析，第四、五卷则专述不同的政策体系和财政原理。显然，他把后一部分内容也当作整个学科内容的一个组成部分。在第四卷导言中斯密写道：“作为为政治家或立法者服务的科学分支，政治经济学有两个明确的目标：首先，它要为人们提供，或更恰当地说，使人们能够为自己提供丰厚的收入或生活资料；其次，向国家或全体国民提供足以维持公用事业的财源。政治经济学研究的目的，是要使国富民强。”因而从斯密著作的内容看，政治经济学不仅要描述经济系统实际上是如何运行或怎么运行的，而且根据作者的意见，还要研究应该让经济系统怎样运行或者应该允许它怎样运行。总的来讲，绝大多数古典经济学家都因袭了对政治经济学的这种理解，即它包括对经济行为的描述，又包括对经济政策的规定。①

① 詹姆斯·穆勒著名论文的标题“政治经济学原理及其在社会哲学中的某些运用”，表明对这一问题的认识更加成熟。

然而，近年来人们习惯于把“政治”一词去掉，用“经济学”这个词单指对经济现象的分析和描述，而把有关什么政策才符合需要的讨论，归于另外的、尽管与前者有关但又与其明确区分开来的特殊的研究范畴。这种划分方法有两点好处。其一，它同时分清了个人和集体在实现目的时会这样或那样受到资源稀缺的制约的行为的活动范围；其二，同时它也抛弃了，或者说意识到应该抛弃任何如下的假设，即对这些行为的概括中本身具有任何规范化的前提。上文中引述的亚当·斯密认为政治经济学应该“作为为政治家或立法者服务的科学分支”的提法，显然认为政治经济学包含着与社会政治价值观相联系的一整套主张。现在看来，这样的主张与研究经济行为会怎样发生或在不同的前提条件下可能会怎样发生的主张，从逻辑上讲完全是两码事。因此，能提醒我们注意到这些变化的术语，对于理清思路来讲的确应该讲是一种帮助，尽管必须承认总是有人好像天生就看不出存在的差别。

同时，缩小了的词义名称也使得在使用时避免了许多误解。经济学作为一门实证科学，其性质自然不同于伦理要求或政治措施。但是，任何头脑清楚的人都承认，如果不知道可能会发生些什么，或者不了解个人的或政治上的某种特殊类型的行动有可能产生什么样的后果，也就不可能在伦理方面或政治方面合理地确定该采取什么样的做法才符合人们的愿望。打个比方说，如果不了解建筑材料及其性能显然不能贸然搞建筑设计，其道理是完全一样的。所以，对这里面的不同之处保持清醒的认识，并依据有关的科学背景知识去讨论在这一领域内怎样行动才真正符合我们的要求的做法，不仅值得提倡，而且是十分自然的。上文提到的用语习惯的改变，说明已形成了一种有利的环境，我们已经可以不再在这方面使用“政治经济学”这个词了。

概括地说，我在本书标题中所用的这个词的含义就是如此。在我的辞典里，政治经济学不是科学的经济学，也就是说它并不是阐述经济系统本身运行而与价值观念无关的一般规律，它讨论经济领域中公共政策的原理。它一方面要用到经济科学本身的研究发现，另一方面也要涉及一些带有某种规范特点的前提与假设；而这些前提和假设就其性质而言并不属于实证科学的范畴。尽管政治经济学的内容涉及措施规定而不是对客观的描述，但是出于与实践的密切关系，它所提出的建议都要经受实际效果的科学检验，并不是不顾后果的一厢情愿的思辨。[①]

第二节　历史背景

按此构想的政治经济学，实质上是为解决政策问题而进行

① 人们可能会问，如此定义的政治经济学与20世纪十分流行的所谓福利经济学之间有何关系。回答是，政治经济学公开使用的一些判断与程序在福利经济学的研究讨论中常常并未明确论证而只隐含其义，有的甚至走得更远。例如早期的福利经济学中总是不断地把人与人进行比较，前提是人和人寻求满足的能力是同等的；不管这一假定从伦理道德上看多么合理，实验观察和自我反省却清楚地表明这一点无法证实。以后的一些小心敏锐的福利经济学实际工作者注意到了这一事实，为了谋取科学的地位，就只限于提出表面上看来只与所谓的帕累托最优状态相比较的命题。但如果这些命题稍一接近实际应用，同样常常会发现它们对含有价值判断的考虑有一种被掩盖的忽略。我十分强调区分纯粹科学的经济分析与采取规范性措施之间界限的重要意义，但不管怎么说，我总感到福利经济学就像是没有扎实地基、只盖了半截的房子。为什么当我们考虑政策措施问题时就不能像以前的古典经济学家那样直接穿越壁垒，一方面坦率承认（当然古典经济学家们不总是能够做到这一点），另一方面就运用认为是合理的伦理和政治前提呢？在我写的《政治学与经济学》（伦敦，麦克米伦，1963年，第3—26页）一书中，就此问题有一段较长的论述。

的一种探索。由于无论是这方面的新思想还是待解决的问题都不是从一张白纸开始,因而在进行讨论时需要考虑已有的意见及过去的经验。我们的论述并不需要历史地进行,这样讲的意思是说,并不需要详细了解讨论中各种见解的准确来源,为此又要弄清这些见解与产生这些见解的历史环境之间的确切关系。由于当代的思想是过去思想的继续,因而参照历史的框架搞清各种观点的渊源并相互加以对照,对于弄清当前使人感到困惑的问题会有极大的帮助。因此,当前的研究工作就离不开对过去已有理论的回顾及对他们在解决当前问题中的可用性所做的估价。

当然,可以说自有史以来就有了这种意义上的关于政治经济学问题的讨论。但是,直到近代为止,这种性质的论述大多都带有就事论事的特点,不是对特定的政策趋势进行检验就是对特殊的道德或政治行为问题进行评价。在所谓重商主义时期留下的大量流行文献中,大多都是关于贸易法规、铸币制度、济贫赈灾等具体问题的论述。在希腊哲学,经院神学的研究者及一些早期现代律师所写的著作里有关经济问题的部分,谈的也都是一些孤立的问题;即使其中有些一般性的理论基础,那也仅仅是基于公共和私人道德方面的考虑,并不存在把整个社会作为一个整体来看的有关经济问题的系统观点。直到 18 世纪在重农主义者和苏格兰的思想家们及其追随者的著作中,才开始出现把经济现象作为一个内部互相联系的整体进行分析研究的内容——现代称之为**经济学**的研究工作;同时,也可在其中找到有关经济政策的规范和规定——即我们理解的**政治经济**学的内容,并到那时才开始形成一个理论体系。[①] 尽管重农主义在法国和欧洲大陆其他国家只是昙花一现，但苏格兰学者著作中表述的经济思想，或是出于喜爱或是因为厌恶，的的确确仍在影响着我们今天的思想。

因此，尽管在下文中偶尔也会讲到较早的思潮，但是参考写批判性评价的重点，是古典政治经济学，而对这个含义较广的范畴，我们又特别偏重于其中英国古典经济学家们的著述。在某些段落中，论述的主题涉及广泛的意识形态倾向的比较，这时我并不否认，在一定程度上更宽松地参照的将是我称之为古典自由主义的观点。

之所以确定这样一个重点还有更深刻的原因。当代政治经济学思潮，常会趋向于两个极端：或者是完全的集体主义，或者是完全的无政府状态；即或者是在高压强迫下的全面顺从，或者是普遍性的对抗。依我看来，这两种倾向都与一个既有自由又有秩序的社会理想不相容。古典体系的优点，就在于它提供了拒绝前两种倾向的另外一种选择。虽然我们已经这样或那样地发现了某些古典概念是不完全甚至是错误的，但仍旧值得去推敲一下究竟这些缺陷的产生是由带有根本性错误的认识引起的，还是仅仅是由于所涉及的范围不当造成的。随着论述的展开，读者会了解到我认为两种情况都是存在的。然而，我同时也相信改进是可能的，经过改进是有可能避免上面提到的两种极端倾向所预示的令人心悸的恐怖局面的。确实，我就是怀着这个希望写这本书的。

① 此次我并未列入康替龙的卓越著作《关于贸易的论文》，因为它几乎就是现代意义上的纯经济学，其中有关人口的杰出论述更是无可挑剔。

第三节　古典体系概要

下面，我先粗略地勾画一下古典体系的主要轮廓。

古典政治经济学的主要分析基础，可以说是亚当·斯密对市场的影响决定劳动分工方式的论述。不用说，确认劳动分工在社会联系中的位置并不是什么新的发现。早在柏拉图的《共和国》中苏格拉底与格拉孔的关于庇格斯城的著名对话，就涉及这方面的内容；从那时起直到《国富论》出现，这中间有大量的令人乏味的各类著述都这样或那样地机械重复着劳动分工的优点。但是，可以说只是由于亚当·斯密的鲜明论述，才给这一发现以勃勃生机。有谁会忘记《国富论》第一卷第一章里那一段带有结论性的描写呢？斯密在那里表明了世界范围内自发的分工合作是怎样使得“一个欧洲王公的宅邸超出一个勤劳节俭的农夫的程度，并不总是比后者的居所胜过许多非洲君主的宫殿的更多，尽管这些君主们绝对主宰着成千上万个赤身露体的奴隶们的生命与自由”。亚当·斯密在论述了劳动分工的优点之后，又试图进一步证明在有合理的法规和秩序存在的条件下，劳动分工是受市场控制和导向的，而市场又是通过对个别生产者或由他们组成的小集体的利益进行刺激而起作用的。古典经济学的内容当然包含着比这更复杂和详尽得多的分析，但如果抓不住这个中心思想，就会在总体上得出完全错误的认识。

不难看出，这样一个源于自发交换关系的关于秩序的观念，与在这一时期发展起来的对于人身及思想自由和重要性的普遍假设

是如何相互协调起来的。如果说追求最大的幸福是合乎道德的目标，那么至少在考虑有关个人幸福的问题时，为什么就不该认为成熟的个人要比其他人更能为他自己做出判断呢？认为所有在原则上具有这种想法的人都会赞同约翰·穆勒的经典论文《论自由》中的全部细节当然是错误的，但是这个时期的著名经济学家们对亚当·斯密所谓的“自然的自由制度”持有强烈的道义上的认同感却是不可否认的事实。正因为如此，个人选择的自由和生产组织的自由成为古典政治经济学中全新的学说。

然而，同时必须明确的是，这些思想家心中的自由与关于秩序的概念是并行不悖的。自由并不意味着随心所欲。既然必须防止任何个人或任何团体干涉他人的自由，那么一定法律规范的存在就是合理的。这样一来，古典自由主义就和无政府主义哲学彻底划清了界限，后者认为只有消除一切强制性的法规及其所支持的机构，才有可能实现自然和谐。戈德文的《政治正义的探寻》是无政府主义观点的权威性著作，这本书实际宣扬的无非是只有废除一切法律和财产权，才有可能消除所有的社会罪恶，也才有可能使人类种族得以延续下去。毫无疑问，任何一位古典经济学家都会断然拒绝这种论调，就像戈德文那个在类似的情况下被马尔萨斯称作“人的性爱”会逐步减退的奇谈怪论所遭受过的一样。[①] 他们

① 有趣的是，马尔萨斯曾对这种怪论做过如下的评论：“某位作者可能告诉我，他认为人最终会变成鸵鸟。我简直无法恰当地反驳他。但是如果他想使任何理智健全的人相信他的说法，他就应该证明人的脖子正在变长，嘴唇正在变硬并向前突起，而且腿和脚每天都在变形，毛发正在变成羽毛。除非能够证明有发生如此神奇的转化的可能性存在，否则啰嗦什么这种状态多么叫人快活的废话肯定是在浪费时间和精力。”[《人口原理》，第1版(1978年)，第45页]

确信在一个合适的法律框架之内自发产生的关系本身就会形成，有可能是出人意料地形成亚当·斯密所说那种“自然秩序”。但是，对这些古典经济学家来说，具有强制手段的国家的存在，是社会自由的带有根本性的前提条件，而且如果对这些强制手段施加适当限制，也同样具有“自然的”意义。很有可能，当我们集中抨击过去的制度时，为了强调对自由的向往及自由的美好偶尔也会使用一些过头的说法并似乎低估了法律的重要制约作用和国家的积极作用。但是，想把他们的观点与多是出于无知或特殊的政治目的而散布的所谓自由主义传统对自由的理解就是摆脱一切硬性束缚的说法等同起来，却全是没有根据的。相反，在自由主义的政策规定里自始至终都假定有法律和秩序手段的存在。

为了对历史有正确的了解，重要的是注意到亚当·斯密对问题的提法。他一方面大力倡导“自然的自由制度”，另一方面又历数了统治者所必须具备的权力，其中除了军备和制定实施内部法规之外，还包括提供公共工程和公共设施。用亚当·斯密自己的话说，这些工程和设施“绝不可能是为任何个人或少数一伙人的利益而使用和维持：因为任何个人或少数一伙人获得的利润决不可能抵偿相应的开支，而假如让它们对全社会贡献得到报偿常常要比开支大得多”。这里的确值得强调一下一个经常被众多的经济思想史专家们忽略的事实，就是这些古典政治经济学家们的整个观点与更早期的学者们的想法相反，积极地肯定由国家来承担某些先前由私人组织承担的功能，施行税收，控制税卡，货币铸造，以及废除私人雇佣军，等等。而且研究还详细地表明他们之中的许多人本身就是敦促国家在提供重要的福利服务、教育、对特定类型的贫困进行救济等方面采取行动的前驱。[①]

但是如果情况是这样的话，我们又如何将这种观点和其他的主张秩序和强制性工具的社会哲学区分开来呢？答案并不复杂。别的这类理论体系，如古典保守主义，往往把秩序本身看作是目的，认为它反映了伦理道德与完美和谐的内在要求；而古典自由主义则认为秩序不过是一种手段——一种维护自由的手段，它的使用应该被限制在刚刚足以起到作用的最低水平上。[②] 例如，柏拉图在《共和国》一书中所向往的是一种本身代表着至善至美的秩序，这种秩序是最终被接受的正义的化身，而古典自由主义所设想的法制秩序仅仅是为使某人的行动自由不致妨碍他人而设计出来的一种机制，是为获取自由需要借助的某种东西，也是进行评价的明确基础。这样一来，如果法律的目的是为自由创造条件，那么判断标准也就准确无误：好的法律扩展了享受幸福和自由的范围，而坏的法律则恰好相反。不是要判断法律自身的内容是否合乎人愿，而是判断它是否有利于实现和谐的自由。

还可以进一步进行对比。从古到今，凡是专制制度或崇尚权威的思想体系全都认为没有从上至下的强制不会有秩序，没有中央权威机构的控制，至少在经济领域内也不会有可接受的活动。相反，正如我们已经知道的，古典自由主义的要旨在于相信，在一种具有一般规则和惯例的适宜的体制之中，会自然而然地形成某

① 参看我写的《英国古典政治经济学中的经济政策理论》(伦敦，麦克米伦，1952年)，第1—3章。

② 参看收录在我所写的《政治学和经济学》一书中的讲演稿“自由与秩序”，第27—52页。

种自我保持的也可称之为“秩序”的关系；并且只要是在这些规则的范围之内，此种关系的延续并不需要详尽和特殊的自上而下的指令。[①] 如果真的认为在任何情况下都不需要这种直接的指令，那就成为很不明智的观点了——只有在盲目追随者和过激分子中有时会发现这类愚昧。但是无论如何，认为需要直接指令的情况只是例外而不是必然的规律，的确是这里所讲的观点和显著特点。

第四节　本书以下各章的安排

上面以非常概括的词句所做的描述，表明古典政治经济学家们的一般性概念和今日持有类似想法的经济学家们的总想法没有什么不同。在前面已经引述过的本人的较早的一部著作里，我已经注意到在亚当·斯密的有关统治者作用的论述中所表露的概念[②]和约翰·梅纳德·凯恩斯在其著名小册子《放任主义的终结》中所做的系统阐述在实质上是一样的。凯恩斯写道：“国家最重要的议事日程不是涉及那些由私人已经在完成的活动，而是那些落在个人活动范围之外，如果国家不出面不会有人去做出决定的事情。对政府来说，重要的不是去干那些正在由私人做的事或者把这些事做得更好些或更坏些的问题，而是去做那些根本就没人去做的事。”[③]

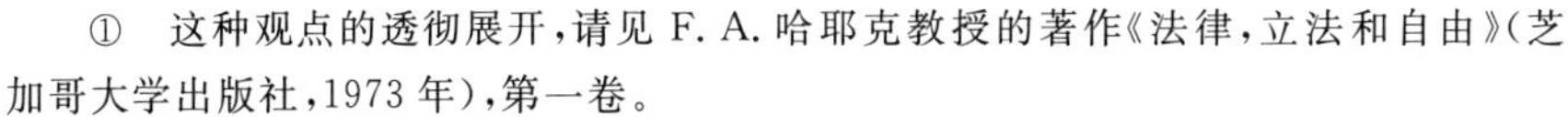

① 这种观点的透彻展开，请见 F. A. 哈耶克教授的著作《法律，立法和自由》（芝加哥大学出版社，1973 年），第一卷。

② 《英国古典政治经济学中的经济政策理论》，第 7—8 页，第 37 页。

③ 《凯恩斯全集》（伦敦，麦克米伦，1972 年），第四卷，第 291 页。

因此，至少在形式上，这种可称之为自由主义的世界观存在着某种内在的连续性，而我认为在精神实质上也是这样。所谓自由主义，这里的含义决不同于今日美国以及英国在党派之争中用这个词所指的那种意义，而是指源出于18、19世纪伟大的社会贤哲的那种带有普遍性的世界观，这些大师中包括大卫·休谟、亚当·斯密、托克维尔、约翰·斯图亚特·穆勒、亨利·西奇威克及其他学者。但是随着时间的推移，尽管初衷没有变化，机遇环境以及近期目标都发生了变化。随着历史的不由人意的沉积，技术变了、人口数量和质量也变了，以至个人价值观念和某些社会目标都有改变，所以这些使政治经济学的研究出现了新的问题和新的焦点，要求有新的解决方法。凯恩斯在写上面我已引证的那篇文章时，肯定认为自己在自由主义传统中取得了某种突破，然而使人吃惊的是，尽管毫无疑问是不自觉的，他所提出的原则竟然和亚当·斯密的提法别无二致。当然，凯恩斯所关注的实际问题的焦点有所不同。因为对他是至关重要的那些20世纪的问题毕竟不同于对亚当·斯密是重要的那些问题。

事实上，我觉得凯恩斯与其前辈们之间的共同点要比他所愿意承认的多得多。我个人极为清醒地意识到自由主义学术传统中的连续性，认为这种连续性不仅体现在最为一般的原则上，而且至少也体现在某些特殊的措施建议上。同时，无论如何还是存在着差别，一方面所面临的具体问题不同，另一方面解决问题的处理方式也有所不同，而这也正是我要呈献本书的理由。

本书总的安排如下。下一章将讨论消费政治经济学。接下两章评价生产组织中自由企业的古典理论。再后两章把系统作为一个整体,对系统稳定性的假设与政策进行考察。紧接着的两章论述福利和分配。随后一章专论集体主义和工联主义,并对国际经济关系进行较详细讨论。最后一章将讨论政治学和政治经济学的关系。

第二章　消费的政治经济学

第一节　集体物品和服务

在考虑构成国民消费的物品和服务的总量问题时，重要的是要考虑，即使在自由经济里，也是由集体决策确定的那一总量的相当大的部分。

这一部分物品和服务可分为两大类：第一类包括国防开支、道路开通、污水处理、公园的设置以及诸如此类的善举，如用公共财政理论术语来描述，它们的使用造成“无差别受益”，即由于技术性的或者制度性的原因，这些物品的利用和服务的提供并不限于特定的个人；第二类物品和服务虽然也是面向全体国民或国民团体的，但是是由个人享用的，因而其受益程度至少部分地是有差别的，例如教育、医疗保健、贫困救济等。

这两大类物品和服务的共同特点，不在于它们是由集体的组织提供的，而在于它们的可获得性以及数量取决于集体的决策。我们很容易找到这样一些经济体系，其中所有涉及稀缺资源的调配和建设都是由私人企业进行的。但是，究竟承担多大的国际开支，在什么地区建设公路、这些公路的等级标准，提供多少免费的教育与医疗服务，类似这类选择归根结底是公共做出的。这类公共选择过程的确切表现方式，当然会明显地随着政治结构的不同而有所不同。这种选择，既有可能由被视为救世主的领袖或自封一贯正确的极权主义政党领导人做出，也有可能是由各种各样的民选当政机构做出。但不管是由独裁集团还是由多少信奉民主思想的社会中多数人的代表机构做出这种选择，其效果与个人在非集体性消费领域所做的选择效果截然不同。

以国防为例。在多数西方国家，虽有一些人，不管是对是错，认为根本就不需要什么国防，所有国防开支都是浪费，但在舆论的另一端（人数可能多一些）也有人认为西方社会还没有足够的防卫，因而像罗马帝国一样，面临着被野蛮人倾覆的危险。但不管决策是什么，它都是对集体贯彻的：个人的考虑都不得不屈从于政府的选择。其他归入此类服务的情况也莫不如此。例如某个选民并不大愿意要那么多的高速公路或免费教育，但一旦做出决定就不得不忍痛接受既定事实，直到他能找到足够的支持者来使政府改变政策。

这种类型的选择无论在其目的还是在其组织实施方法上，都要比差别受益的个人选择更直接地带有政治性。的确，由于提供这里讨论的服务，涉及稀缺资源的使用，因而有关的决策有其经济核算的一面，并且它的直接成本肯定是能够定量衡量的。但是，提供此种服务的好处是什么呢？在某些情况下，如修筑道路，如果人为地对时间节约和带来的直接便利的价值做出规定，是可以对其好处进行某种常规估价的。能够这样做，是目前时兴的成本效益分析得以存在的理由，在某些限定的领域内对其效用全盘否定也是错误的。然而全面地看，其局限性也是明显的。就拿这里讲的修筑道路来讲，此种分析并不能得出最后的结论，它的分析结果有可能完全被关于布局和全面得益的更广泛的考虑所掩盖。而且，由谁来对免费教育的各种不同方案的不同好处做出精确的定量分析呢？这实际上是直接进行政治权衡的问题，因为它们所关系到的方面，均与进行这些权衡的不同政治组织有关。做出决策的负责机构应如何组成，是多数当选，是按比例选派代表，还是干脆特别指定？或者是不是需要对某些问题举行特别的公民投票？这些都是与亚当·斯密所说的“政治家的科学”[①]有关的问题，而不是政治经济学家们通常所关心的范围。然而，它们是政治经济学家立论时不得不依据的背景，并且他们最好能够对现在这个标题下的问题的答案持什么态度有所了解。当然，在那些集体选择从技术上讲并非必要的领域里——例如在选择虽由集体决定，受益却有差别，因而是否享有的选择却在于个人的情况——存在着集体选择在多大程度上合乎需要的重大问题，而这也正是对工作和储蓄的激励问题。所有这些都可被认为是政治经济学中的中心议题。最好等后面讨论分配和福利时我们再来处理这些问题。

第二节　个人选择的意识形态

在一切涉及差别受益这个大领域的场合，毫无疑问都会有古典政治经济学者表明的态度。他们信任由成熟的成年人做选择的自由。他们肯定不曾把这一概念推广到非成年人。虽然，如要在

① 《国富论》，第一卷。另一处斯密将这种科学与“被称为国务活动家或政治家的阴险狡诈的畜生的手腕”相对照。

两种政权之间做选择：一种是为政权本身起见将严格的纪律强加于人，一种是为了最终的自由而训练人，他们无疑都会一致地挑选后者。但是，考虑到口味与爱好的多重差异，在涉及成熟的人时，如果国家在这方面对人的行为再施加任何不是非常例外的限制，他们会认为是偏离了理想。我很肯定，这样的假设普遍适用。边沁说过，“一般而言，不会有任何人像你自己那样了解你的利益——谁也不会花费那么多的热情与恒心去研究它”[①]；而 J. B. 萨伊作为更广泛传统的代言人，写过如下的话：“每一具体的人，是有资格评价他的每一项消费对自己及家庭得失如何的唯一的人。这里说的得与失是与他的财产、社会地位、家庭需要和个人偏好连在一起考虑的得与失。”[②]

请让我马上就声明，我十分相信这种处理方法，对我来说，这是道德上可接受的成熟社会的基本的本质。[③] 在不会有什么不良的简洁后果的场合，作为消费者的已成年男女，什么可做，什么不可做，仍由教士、君主或官吏来规定，这样的事态对我思想中应有的文明而言，实在是一种否定。尽管我也知道，过去曾有过许多种文明，那里并不具备自由消费的条件，而它们的表现也不是样样都应被谴责。但如果我们考虑现代的事，并且注意一下世界上共产主义国家的条件，在那里你不能像在西方一样购买思想意识内容被认为是不正确的报纸和书籍，在那里试图发表不同政见的作家和科学家，或被放逐或要关进假的精神病者收养所，那么，上面说

① 杰里米·边沁：“政治经济学指南”，载《边沁全集》，鲍林编，第三卷，第 33 页。

② 《政治经济学论文集》，第 3 版（巴黎，1817 年），第二卷，第 214 页。

③ 更详尽的讨论参见第十一章。

法看来就不是错的。这种私人消费领域内的自由并不是一切，但它是好社会的根本性的组成要素。

第三节　消费者要自己当心与广告

然而，由于现代生活的复杂性，关于自由社会中的消费，需要说的决不止上述这些。试从最简单的情况说起，消费者为了得到他想要的，他必须广泛地知道他正在获得的是什么，货物出门概不退换——或者说消费者要自己当心——的格言，虽然作为自我保护的条款比模糊的管理要好，但在许多情况下仍然是不够的。

古典经济学家不像我们那样对这个问题给予那么多的注意。在李嘉图的《一个既经济又安全的通货的建议》中有一段非常有趣，在这段话中，他赞同萨伊的政府的干预在制止欺诈行为和确认事实方面是必要的论点。

> 在医药工作者不得不接受的各种考试中，并不存在不恰当的干预；因为为了人民的福利，有必要肯定并且核实他们是否掌握了有关人类躯体疾患的一定数量的知识。对政府在银币和货币上打下的印戳，也适用同样的说法；它可以防止欺诈，也不必每做一笔买卖都去求教繁复的化学过程。[①]

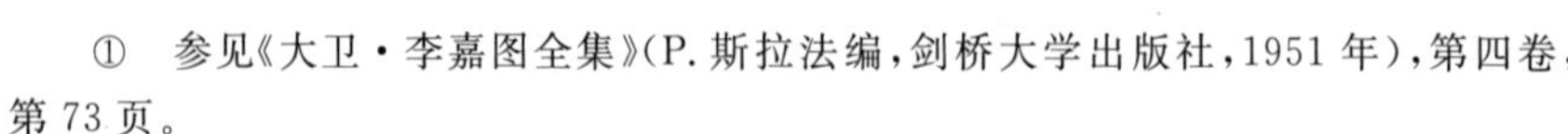

① 参见《大卫·李嘉图全集》(P. 斯拉法编，剑桥大学出版社，1951 年)，第四卷，第 73 页。

此外，约翰·斯图亚特·穆勒在他的论述“放任自由原则的基础与范围”的一章里还说过，“认为消费者是商品合格裁判的说法，只有在打过许多折扣去掉许多例外后才可接受”；但是他没有对此做详细的研究，却转而讨论教育方面的一些问题，对此本书将在以后适当的地方再谈。古典政治经济学的整个注意力，都集中在为特殊集团的利益滥用合格证的可能性上，例如亚当·斯密对社团的学徒期限管理就有广为人知的指责，至于这种方式的保护是否合乎需要，却没有多加注意。在当时，对侧重点做这样的平衡，可能有它的道理；而且，即使在现在，滥用封闭性的生产者协会，训练期规定得不必要的漫长以及对妇女的反常歧视等，仍然惹人注目而且值得不断地揭露与警惕。但是，在我们的时代，商品与服务的技术更加复杂，只强调消极的防范就不够了。我们决不能忘记，永远有人处心积虑地在谋求技术上并不必要的特权，并且应该警惕并反对它。但消费者应该拥有他所购买物品的质量及内在特性的信息，这一点在相当广泛的情况中却要由法律来积极维护。

正是根据这种观点，我们要对广告问题做些说明。我知道，任何题目上的废话都没有关于广告的多。自命为社会学与经济学专家的人，精心编制了一幅世界图景，其中粗制滥造商品的制造商操纵着消费者的整个需求领域。需要的控制权被断言为一种虚构。消费者成为一种被动的媒介，他们的反应完全被生产者主动的宣传所制约。而所有这些又被宣扬为最了不起的发现，是“新经济学”的使全部过去的分析全部过时的惊人突破。

事实上，这大部分是错的，广告这个词的狭义意义，不过是信息结合劝说这个大类中主要的一个品种。因为某些广告中有欺诈，有些广告不合我们的口味，就断言任何复杂的社会一般都会设计出广告，那是幼稚的；反之，像上面那样夸大其词地认为广告具有左右消费者（或生产者）需求的作用，也同样不对。处置得当的广告，让潜在的购买者知道一种产品的存在，因而有助于它的销售，这点完全正确。还有，利用顽石为之点头的劝诱，会使那些假如他的本能、攀比心理和（或）追求舒适与幸福的一般愿望没有受到驱策暗示，就不会动心的人也参与购买，这也是事实。但如果做广告的事物不能兑现许诺的好处，说它仍将长时间地收效，那就错了。认为购买广告商品的大多数人不能判断有没有实现购物目的的想法，实在是对普通人的知觉器官的极为拙劣的估计。至于为不合时宜、不合口味的商品制造需求这样的事，任何有过这种尝试经验的人，都必定会对这样一种过程也可得心应手的断言，报以一定程度的苦恼的嘲笑。它是在二等文人的想象中流行而在实际的商品世界里难以寻觅的事。

不过，消费者在这方面仍需要某种保护。想在信息与劝诱之间，划出一些从管理上说较实际、从社会上符合需要的界线，可不是什么简单易行的事。在“大拍卖”和“漂亮的女士请买我的紫罗兰”，这两种叫卖之间，有什么道德上的差异呢？真正重要的是，只有消费中的无知才会得出购买者本人认为有害的结果——例如毒品——或者得到的结果会与原来预期的不同——例如许多保健措施或财务许诺，就应该对他说明真相；而且错误的宣扬应予禁止，也很重要。假如有人被坦率的谈话或图片劝诱，真的去购买别人认为轻浮、粗俗的商品或服务，按照自由主义的观点，虽然完全可以希望教育会使人在这方面变得更加谨慎，问题仍不是直接公开的禁止。重要的是他们应该确确实实地知道与一定的购买行为连在一起的毁坏性后果,而且还应该避免不受技术上不可接受的宣扬的伤害。这样的保护可能很难明智地实施。正是这样的陈述似乎会为一切种类的非官方要求及禁令打开大门。但认为一般原则是不能回避的;而它的重要性,尤其是与健康广告有关时的重要性,我也认为是无可争辩的。

第四节 消费的外部非经济因素

正如我已经讲过的,古典经济学家著作中有迹象表明:他们对消费者要自己当心这样的原则的限定,并不感到奇怪。市场机制不加考虑的某些间接影响会产生限制消费中自由选择的后果,这种情况虽然与古典经济学家的观点不相矛盾,但离他们有远见的领域,则更为遥远。这里我不是指风尚的影响或道德学家会称之为坏榜样的影响,我指的是比那些更加切实而可以感知的影响,也就是由个人消费的间接影响在集团地位内造成的客观变化——将马歇尔生产理论中内部经济与外部经济的术语加以引申,这可称之为消费的外部非经济因素。简单的例子如下:因为私人汽车的巨大数量造成的空气污染或机场附近引起的噪声等。

对这样的非经济因素,需要加以限制,无疑不会有任何的可争议之处。对于生产中类似的非经济因素,如工厂的烟尘,向河流排放的有毒污水,情况也一样。有些现在已经有法律控制,其余也很快会如此。这里确实存在着行政管理方面很困难的问题。但原则上并不存在任何合理的意见分歧；而且我也认为根本没有理由去假设古典传统内的早期经济学家会提出反对意见，尽管也会有为数不多的在其他方面备受尊敬的思想家，在这个问题上陷入了盲点。

但在同一问题上还有一些更广泛的方面可能更有争议。它们涉及按照完全自由的原则委托人进行住宅建设与环境布置，从而造成的外部环境的变化，由于投入许多资本的人可断定是不关心这一问题的人——是一些从来也不阅读过去著作的人——请允许我引用一段本人在约四分之一世纪之前写的文章，那时我关心的正是这一类呼吁较少公共干预的讨论：

> (假设)这里有一片赏心悦目的山坡，如果你出钱，可以买到一小块地皮，并且找到一位营造商造好一座惬意的住宅，还有比这更开心的吗？但假如与此同时还有许多其他消费者，也被同样的刺激所推动，就会莫名其妙地改变结果。影响到你与其他人的欢乐的整体图景，从来也不进入市场；最后的产品所给予人们的欢乐的质量很容易地会低于另一种易于办到的情况，那就是事先稍稍注意一些集体的思想，倒不是对建筑物的设计——我对官方的建筑师总有点不放心——而至少是出售地皮的布局以及道路的设施。完全专注于差别性受益的一种选择机制，如果忽略了非差别性的因素，就有可能像上述的那样对日常生活的质地与情调产生重大影响，谁能看着已成为今日大伦敦市一部分的屠宰场地区而仍不明白，虽然郊区别墅的扩散带来了私人幸福的增加——这种增加是确凿无

疑的——人们在这样做的时候，还遗忘了某些十分基本的东西。[①]

在上面引述的一段话里，除去还要添上对建筑物高度的某种控制应予积极肯定之外，即使在今天我也不想做什么更改，而且我也坦白承认19世纪古典主义的一个缺憾，正在于不能明确地认识到在这种场合需要有集体的规划。我所说的这种忽略的原因之一是相当明显的。古典系统的全盛时期，至少首府城市的市政设计仍然在大地主的掌握之中，他们在事实上制作整个财产的规划：对伦敦的未遭毁坏的广场——毁坏总出于公众独裁之赐——给予人们的享受，都要归功于这种控制。与此同时，虽然在城市的发展中，各种下水道的建设，是在缺乏这类规划的情况下进行的，但人们对享受舒适生活的压力却并不沉重。我们应该永远记住，英格兰翠绿而美丽的大地之所以遭到破坏，都是在20世纪，主要为了满足生活日趋好转、数量又大大增加的人口的需要而进行发展的结果，要为伦敦外围无神韵的郊区以及伦敦附近各郡遭到的破坏负责的，正是这个人口。当科尔里奇坐在英国伦敦北部海格特的坡顶或拉斯金从丹麦山向南眺望时，那时的伦敦一定是十分可爱的。除去约翰·穆勒曾为停顿状态以及它的隔绝提出过广为人知的恳求之外，我不知道还有什么证据可以说明古典的政治经济学家曾预见到过这个问题。[②] 我希望他们会同意，外部环境的发展

① 莱昂内尔·罗宾斯：《和平与战争中的经济问题》（伦敦，麦克米伦，1947年），第19—20页。

② 当然，马歇尔是认识到这一点的，不过，他出生要晚些。

需要有某种规则，虽然非常易于把这种规划与今天发生得太多的腐败或低效能的管理联在一起，但是在我看来很清楚的是，只要是含有消极的无差别受益，在这种情况中，限制完全无拘无束的自由选择，还是应该的。

不过，虽说所有这些都很重要，也不应该走得太远，这里我还要引用我在四分之一世纪前在这方面写过的一段话：

> 易于理解（这个原则）一经滥用就会荒谬地使一般的家庭作风成为正当的。除去在自己房子内的隐私之外，我们所做的事，从其流风遗韵上说，极少不会产生非差别性受益或伤害。我穿着的衣服，常有的外观，种在园子里的花卉，全都直接地或通过风尚的神奇影响，影响着其他人的欢乐与满足。即使是在远离人们知觉的场所做的事，也可以认为具有这一性质。别人过日子的方式与我自己的不一样，他们喜爱并购买的书籍我不赞成，他们用亵渎的肉类或禁酒举行私人宴会等的事实，对于过着最认真禁欲生活的人全都是明显不过的暗示。这也能算进外部经济或非经济因素的账里吗？在对消费进行的极权主义管辖中，我实在找不到有哪一种不是借助于这样的分析为自己寻找某种形式之理由的。黑格尔派的哲学家一直在有条不紊地摧残自由的知识基础，因而要为我们时代那么多的罪恶负责。对于穆勒在自我审察与行动受他人审视之间所做的有用的区分，他们总是画一根直通的线，对于穆勒这个虽然叙述得或许还不完善却很有用的区分，他们还把反自由主义的仇恨集中起来，致力去熔化它所依据的好观

念的核心,他们这样做是不足为奇的。

所以我会坚决主张,我们必须非常警觉,绝不能因为不相信家长作风就对这一分析要让我们理解的某些特别情况的重要性也视而不见。另一方面又必须警惕不能让没有具体研究的形式分析找到借口,贬低在自由社会的生活中有重要作用的制度。我们必须认识,过分强调无差别受益的边缘阴影,很容易使有差别受益的纯真的核心也被忽略。而假如极权主义方法的代言人试图利用空洞而未证实的社会生活价值的论断,使我们接受划一的样式或去享受全部落一致的神秘欢乐,我们必须准备好回击,坚定地主张多样性和主动精神也是智者所不会加以损害的集体价值。[①]

第五节 消费者主权与教育功能

即使采取了有效的保证措施,使得做选择时有恰当的信息,选择的副作用又得到预防,自由主义的观点仍会在自由的后果问题上受到批评。据说,所谓的消费者主权状态,总有一些令人非常厌恶的结果。有些自认为明智的人——其中也确实有些是这样的人——会因为别人的选择愚昧粗俗而气得面孔变色。对别人爱好的娱乐,消磨闲暇时间的方式等,也有同样情况。于是,就有人提出应该在这类事情上,由公共的权威以他们也说不清楚的某种方

① 罗宾斯:《和平与战争中的经济问题》,第 20—22 页。

式推行秩序、纪律、好的品位和高尚的标准。

从自由主义的观点看来，我想所有这些都是不能接受的。确实，自从农奴解放以来，由于生产力的增长，过去一直压在社会底层的大众确有许多令我个人也反感的表现——虽然我也并不认为极权主义时代的消费样式总是十全十美的。但如果我们相信，我本人是这样相信的，而我认为历史上的自由主义也曾隐约这样相信，虽然某些强制性工具是必要的，但只有那些在某种意义上是自由的选择才具有最终的道德价值，则我们就必须准备好面对并接受现实。在一个世界里既让人自由选择又希望不出现我们会不赞成的结果的思想，虽然是梦幻似的空想；而且对别人口味中的确凿的缺憾大惊小怪，至少有一部分也表明了本人精神上的不正常。我们必须正视的问题是：一个选择不是自由的世界是否是我们可接受的世界。如果我们被安排在那样的境遇中，我请大家看看周围的那些不自由的体系，因为世界上这样的事多的是；如果我们想从历史上体验一下，就请阅读加尔文的《日内瓦》和柏拉图的《法律篇》。

但是这并不是说国家应该无所作为，政府为改进文明与文化的标准所作的一切努力，也要被合理的自由主义原则所排斥。试设想如下的一个世界：那里除非能证明金钱上有利可图，否则就没有文化，没有受人资助的艺术馆廊；如果收费加上私人馈赠仍不能抵消一切开支就没有学习机构；除去用旋转栅门收费以支付营运和管理费的园林外再无公园；除去为了防止商业运转受到暴雨和有害气候侵袭而得到私人资助的办事处之外，再没有为公众建立的机关团体——我决不相信这样的世界会是任何有理性的人希望

实现的世界。还有，因为我们继承的历史遗产使我们现在实际上享受到的，或多或少地优越于上面描述的情况，我也根本不认为下述的主张合乎情理：让继承下来的全部消失，再等待社会中的成员取得一致意见，用或者是收支相抵的或者是纯粹自愿资助的机构来代替它们。我不相信在伟大的古典经济学家中会有任何人在原则上不同意上述意见，虽然，就像亚当·斯密当时对英国大学的观察那样，他们很自然地会在具体事例上有所保留。

如果关于以上情况的这个陈述还不能让人信服，或者如果它看上去至少像是一般自由哲学的一种例外，我想请大家注意我们称之为教育职能的意义。教育是家庭制度的一种补充，又是沟通的一般媒介，对于国家在教育方面的这些职能，在下文中还有许多要讲。而在现在，只要提请注意这种职能就够了。只要将一些公共的设施与机构，设计成为公民们可自由地接近并让他们流连于艺术的和其他有文化意义的一般性享受成果之间，并且有了在这方面是否取得成就的标准，这样的设施与机构就可履行教育的职能。从自由主义社会哲学的观点来说，这方面要强调的重要事情是**这种职能的实施中不含有垄断成分**。举例来说，我认为国家设立电台和电视台是完全合法的，只要在教育程度、素质与正直的标准都日益成长的人口中，它们有可能维持和传播就行。但从同一标准来说，如果国家要排斥其他来源的竞争，就不对了。类似地，在涉及学习和艺术时，假如由国家来赞助否则就无利可图的高级活动，维持博物馆、学院，聘用虽具有内在价值而缺乏群众支持之学科的教授，供养技艺卓绝的榜样人物，那是完全允许而且确实是合乎理想的，不过，如果把做出榜样、激励别人的事作为排斥性的

工具,把这样的活动作为只此一家,别人搞就要增加特别负担的活动,那就不合要求了。或许有可能设想,未来社会中的大部分成员都极有教养,以致无须国家赞助也可以供养所有这些活动,不会降低它们的标准,也不会让古时流传下来的东西散失掉。但要假定在现时就可以办到,那就只能是自欺欺人的把戏。所以,如果要把对学习和艺术的某些赞助看成是家长制的话,我会毫不羞愧地自认是个家长制的自由派,而且我还想象大多数的古典经济学家也会同意这个观点。①

第六节 储蓄与消费

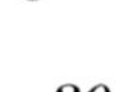

在消费政治经济学中另一个值得讨论的问题,是在花费和储蓄之间自由选择的问题,用更抽象的话来说,就是在只图眼前和为将来做准备之间选择的问题。

除去短期的例外——关于这一点将在以后的一章详细讨论——古典经济学家把储蓄和我们称之为对实物及人力资本的“不动产投资”,看成是同一的东西。所以在他们的著作中就毫不迟疑地讲到储蓄与投资是不同的运作,这两种活动缺乏计划上的一致会产生综合性失调。由于他们中的大多数认为积累是件好事情,他们对这种性质的储蓄就没有反对意见。马尔萨斯、劳德戴尔及某些次要的追随者是例外:他们认为在任何时候有益的积累都

① 我不知道在古典政治经济学里何处曾对这类问题做过直接的讨论,但在约翰·穆勒的论文“合作和教会财产及捐赠”中,可见到他对捐赠效用的说明。载《穆勒全集》(多伦多大学出版社,1967年),第四卷,第195—222页,和第五卷,第613—629页。

有一个上限。但在大多数人眼里，因储蓄而成为可能的积累过程却是一般经济增长的极重要的成分；还因为他们把工资高于生计水平的主要希望，寄托在与限制人口增长结合在一起的“专用于维持劳工的基金”的增加，他们更是非常赞成储蓄。

此外，他们还在这件事上，赞成选择的自由。除去约翰·穆勒是例外，他们都害怕净积累停止增加的停顿状态；而且即使是穆勒对停顿状态的赞成，仍然主要建立在如下的希望之上：人口以这样或那样的方式停止增加，而每人的平均收入处于相对高的水平。他们更害怕的是下降状态，这时资本或者因为不能更新而被消耗掉，或者遭到了破坏。但是他们并不害怕这样的情况会**作为私人决策的结果**而发生。《国富论》可算是这方面最具权威的著作了，它主要依据的正是那个“鼓励储蓄的原则……是从十月怀胎起到走进坟墓止都不离开我们的，使我们的日子过得更好些的愿望”；书中还透过常被历史篡改的事实毫不掩饰地宣告，“伟大的国家虽然会因公共的浪费和指导无方而陷入困境，却从来也不会因私人的行为而贫穷”；后来，它还说：

> 最不恰当和专横的是……君王和大臣们自命为私人老百姓经济生活的看护神，或者用限制个人消费的法律，或者用禁止进口外国奢侈品的办法，限制人民的花费。其实正是他们自己，而且毫无例外地，才是社会中最大的挥霍者。让他们好好管一管自己的花费好了。至于对私人老百姓却完全可以信任。假如他们自身的铺张不曾使国家垮台，则他们的子民更决然不会。

在因为多方面的考虑——有的荒谬而有的严肃——而变得更老练的现代人眼里，这里的有些说法确实显得有点简单了。

首先，我们并不假设在储蓄与投资的安排之间会自动协调；而且，虽然在对其他事物的看法相同时关于二者区别的实际重要性会有不同的意见，我们必定全都同意，这样或那样的不协调是可想象的，还会同意，如果发生了不协调，就会导致通货膨胀或通货紧缩。还可肯定的是，如果发生了通货的紧缩或膨胀，在前者的情况下令储蓄功能向下移动，而在后者情况下让储蓄功能发挥得更好，都会对经济有好处，当然导致这样移动的方式，需要十分小心地调整。于是，虽然对于强调这种移动，把它看成原因或处理办法的主张还值得怀疑，——我个人就是有怀疑的一个——在满意地接受储蓄总是有益这个漫不经心的论断之前，需要先对其他假设做出许多明显的陈述，这样才算符合了明智的理论良知的要求。举例来说，我本人就认为在 20 世纪 30 年代大萧条的谷底时期，提倡储蓄就选错了时机。基于这一点，我认为，萧条的严重性主要在于过度的储蓄，与同样误导了的货币管理失当和结构性不协调相比，储蓄的影响更大些。

其次，关于政府的行为，必须肯定地认识到，被大多数经济学派认为是合理的多多益善的实物性投资——本章开始时提到过这种投资类型，即不管财务来源是依靠税收或贷款，修建更多的道路系统、电站及用于各种目的的公共建筑物等——几乎全都不可避免地要由政府创办，而正像前面指出过的，政府的决策在种类上又必定不同于个人的决策或个人群体的自发性决策。即使政府是像亚当·斯密说的那样浪费，这类积累中的主要部分，必然要由集体

的决策而不能由个人决策来决定，而且至少有些决定是有益的。

至于说政府对净积累的影响，历史的证据还模棱两可，可能要根据当时的政府形式来决定。当代，我们已经在苏联见到，为了给工业发展投资，特别是为了建立国防和侵略的机器，强加于顺从的人民的禁欲要求已经到了难熬的贫穷甚至饥饿至死的程度。到底应该把这种情况看成是贫困还是相反，全要看对人的价值观用怎样的尺度来决定。但这就不再是亚当·斯密所说的浪费。与此对照，我们又反复地在自由的社会里见到，政府的开支远远超过了它能获得的资源，这种情况无论在其他方面有多少功劳，对投资或以及有时对财政的稳定都是危害。英国自第二次世界大战以来在公共财政方面的作为，实在难以令人认为是有助于净积累的。

毫无疑问，最后这个判断会引起争论；而我们对大多数古典建议规定的条件，虽然从寻求真理的角度考虑是必要的，有可能被认为包含了不便于做简单明了之概括的约束条件，但是，无论是有计划的储蓄与有计划的投资之间可能产生怎样的分歧，或者是在积累增加或降低上，由公共决策来决定到什么程度，在这些方面已经说过的话，都不应该贬低个人或个人的小群体自由决定他们本人花费与储蓄之间的比例的意义。如果在资本市场中发生了不协调，引起了通货的膨胀或紧缩，该由政府或中央银行来纠正。如果关于公共投资的决策超过或不足于被认为是优化的水平，这仍然是政府或某些已被或尚未被政府注意到的公民的事。我认为，无论奉行的是怎样的财政金融政策，在个人如何处置他们自己的资源上横加干涉，都不存在令人信服的理由。而且我还要加一句，当我考虑自己的国家在过去四分之一世纪中的历史时,我倾向于认为,无论是在积累的数量还是在通货膨胀的控制方面,假如给个人决策留有的余地,比奉行的公共政策已经允许或批准的更多些,情况就会好许多。

第三章　生产组织

第一节　导言

正如第一章里指出过的，古典经济学家欣赏的经济制度，它的理想化形式的特色，从概念上说是综合性的。一方面赋予国家下述的功能：维持法律和秩序，并提供个人和小群体不会提供的服务，另一方面，在亚当·斯密称之为自然的自由制度内，包含有消费领域和生产领域两个方面的自由。

不过，从意识形态的观点看，认识到分属两个领域的自由之间的差异仍很重要。根据已经提到过的各种条件，消费范围内的自由可以看成终极的目的，或者至少可看成是道德上有意义行为的先决条件，不具备这样条件的行为只能说是机械的反应，对此，本书将在最后一章做更多的讨论。至于生产范围内的自由，在工作的安排方面，也可以这样看。但在更广义的其他方面，这种自由主要被考虑为一种工具，一种组织形式，是否接受它，要看它的办事能力，与包括国家在内的消费者的希望是否相一致。在古典作者的作品里我没有找到明确指出这一区别的段落，但我相信，他们会同意这个区别；我也相信它确有道理。

但如果确实如此，如果在概念上存在着这样的二分法的区别，则各自的对与错的分界也必然不同。有可能想象出一种状态，在其中与消费方面的自由共存的是生产方面的没有自由——意思是说生产工具归集体所有，劳动要接受指挥的管理。必须说明，我并不认为这样的事态可以长期存在——我将在讨论一般的集体主义时，再谈这个问题。但上面说的已足以表明，仅仅有在生产出来的商品之间进行选择的自由，以及运用这样的选择来指明资源应如何分派，还不能解决生产必须如何组织的问题。

古典作者们对这个问题的答案是清楚明白的，只有约翰·穆勒是例外，显得模棱两可，对此我将在另一章中讨论。他们在法律工具适宜，而且国家还履行着其他合乎需要职能的假设前提下，表示了对私有财产、自由企业和市场的信心。在写本书之初，我已经强调过上述这些因素的相互作用，亦即它们的有序关系的概念，在他们的世界观中所具有的核心重要地位。这个世界观是说，虽然确定要受到法律与习俗的制约，但在这样的范围之内有序关系能服务于个人及个人群体自发地提出的需求，而决不会受命于中央权威的支配，除非中央政府也作为购买者进入市场。本章及下一章的目的是考察奠定这一概念的基础以及它可能受到的批评意见。

第二节　作为生产组织要素的财产——古典财产概念

我们可以从财产开始，因为对市场关系及其功能的古典分析，它的一部分根本性假设，是由财产制度的法律以及签订的契约构成的。

对这种假设的基础，大卫·休谟在他的《人性论》和《道德原则的研究》两本著作中进行了相当深入的研究。广义地说，他的立场有两个基础。首先，把人的本性说成是专门为己，也就是说既不顾家庭的情爱，又不要亲密程度不等的友谊，这固然是错误的，但是说人具有普济众生的仁慈，也同样不可靠。其次，用以满足人类各种需要的手段又受到限制；而且除非对满足需要之手段的关心是出于个人的特殊利益，否则肯定存在着浪费与混乱。在《人性论》中休谟的原话是：

> 我们拥有的物品可以分成三个不同的种类；一类使我们的心灵感到内在的满足，一类使我们的身躯得到外在的利益，还有一类是借助于我们的勤劳及财富而获得的欢乐。第一类的享受，我们完全可以无忧无虑。第二类可以从我们手中夺去，但对夺得者并无好处。只有第三类既不免于别人的暴力争夺，又不会因为易手而降低它对人的价值；而与此同时，这一类物品的数量又不足以满足每个人的欲望和需要。所以改进这类物品是社会的首要利益所在，而拥有这类物品的不稳定性以及它们的匮乏则是主要的障碍（着重号为休谟所加）。

因此，人们必须“寻找一种解决办法，尽最大可能使这类物品的立足点与另外两类，即对心灵和躯体有固定和不变好处的物品的立足点相同。要做到这一点，别无他法，只能是让社会全体成员取得协议或养成习惯，使得对这些外部物品的拥有成为稳定的，并

且使每个人都能和平地享受凭各自的财富与勤劳所获得的欢乐”①。

这个协议或习俗不一定是公开的允诺或原始的契约。不过是一种共同利益的普遍的认识诱导人们用一定规则调节他们的行动。

> 关于稳定拥有的规则也同样从人类的协议推导而得，规则是逐渐出现的，随着缓慢的进步，以及违反规则后就会不方便的反复经验而加强其力量。相反，这样的经验使我们确信的还不止上述，它告诉我们，利害关系的感觉是我们人类共有的，它还给了我们将来可望把人们的行为调节好的信念。而且也仅仅是因为期待这样的结果，我们才会产生适度与禁欲的想法。以类似的方式，没有任何事先的允诺，人类通过习俗逐步建立了语言。也以类似的方式，金和银成为交换的共同度量，而且被认为足以支付价值为金、银千百倍的事物。②

所以，财产的基本原理是广义的“功利”。也与许多早期文献一样，不可违反的自然权利及诸如此类的辩解也不存在什么疑问；

① 《人性论》，T. H. 格林和 T. H. 格罗斯主编（伦敦 1882 年），第二卷，第 261—262 页。

② 《人性论》，T. H. 格林和 T. H. 格罗斯主编，第 263 页。在我的《英国古典政治经济政策理论》，第 49—55 页，我对休谟在《道德原则的研究》中的立场已有过详细的论述。

它就是一种规则，除去在长期围困或类似的紧急条件之外，一般有益于社会的运用。

休谟的正面分析，得到了边沁的补充。边沁在他的著作里深入分析了财产的安全得不到保证后，照他的判断会有的罪恶后果；直到19世纪兴起社会主义的批评，促使穆勒进行再考察——这也留在后面再讨论——之前，上面的看法或多或少地总被认为是对的。在这方面我们要以麦卡洛作为合理的代表。他说“我们不要欺骗自己，以为不保护财产的安全，也可能有任何一个民族摆脱野蛮，或者变得富有、繁荣和文明……财产权并没有造成贫困，而是对财富做出了有力的贡献”。[①]

不过，这个总的立场得到两个补充性来源的有力的支持，一个是人口论，另一个是资本论。

只要讲到人口，就会想到马尔萨斯关于这个题目的第一篇《论文》，因为他的著名理论之所以著名，主要归功于它。这篇论文专门叙述了假如按照戈德文、康多尔塞特等人的方案，废除私有财产制并且让各人听天由命随心所欲来统治，社会会有什么样的远景。《论文》中最有力的一节，描绘了在一个假想的社会里人们的境况退化的情形，当节俭的动机被因此而消除掉之后，整个人口就会在两三个世代之内降低到只能维持生存的水平。

正像大家所熟知的，在写作《论文》的第2版时，马尔萨斯的立场已经经过调整，他承认，对有可能还不能算作罪恶或悲惨的生育加以控制——罪恶与悲惨是第1版中使用过的所有因素的综合性

① 《政治经济学原理》(1830年)，第88—90页。

描述，旨在限制人口使之不超过口粮。而且虽然他本人在他称之为“道德的节制”概念中，排除了有意的出生控制，但这一观点却没有得到在其他方面支持他的一般论点的人的赞同，如弗朗西斯·普莱斯、穆勒父子以及他们的后继者新马尔萨斯主义者。所以原来是关于未来社会阴暗景象的信息，用约翰·穆勒的话说，现在成了“希望的旗帜”。

但是，反对取消财产的论述，却没有因为这个多少有点惊人的变化而放弃。相反，对于承认古典观点的大多数人，它是更加强了。如果想在任何地方找到“道德的节制”，这个地方应该是私有财产制度会培育它并加以推动的地方。约翰·穆勒再次与众不同，他争辩说，在小型的共产主义社会里，反对不负责任地生育的公众意见的压力，可望比任何其他地方都强。但是，这一点虽然在极权主义的社会(这是穆勒会厌恶的社会)是可以想象的，在当时还必须看成是纯粹的假设，在当时诸如法国拥有财产权的农民社会(这是穆勒赞扬的)，却已经有节制人口的例子，给大多数人的观点提供了相当有力的支持。

至于资本理论及其与财产制度的关系，主要的古典立场更少含糊之处。没有资本就不会有劳动的分工，所以也不会有经济的增长。还有，正如已经讲过的，有些符合需要的工程，如果没有国家来兴办，就根本不会存在，但即使如此，古典作者们肯定不会认为，使这些工程得以兴办的净积累因积极的公共政策而增加。在古典概念中，资本增加主要是旨在增加个人财产的个人行动的结果。所以，私人财产制度的存在是这类行为的不可分割的先决条件，反之，缺乏这种制度或对它加以限制，其结果会有害于社会收入的增加。按照亚当·斯密在《国富论》中的说法：

> 当我们比较……一个国家在两个不同阶段的情况，并且发现后一阶段中土地与劳动的年产量明显大于前一阶段，发现土地耕作得更好，制造商数量增多而且更加繁荣，贸易更加兴旺，我们就可以肯定，在这两个阶段的间隔内资本必定增加了，还可以肯定，因为某些人经营得好而增加的资本要比资本的损失多，这种损失或者是因为其他私人的错误经营，或者是因为政府的挥霍奢侈。

正如前面已经讲过的，在连续积累的好处问题上，存在着以马尔萨斯和劳德戴尔为代表的少数派观点。对此，我们将在讨论整个系统稳定性的理论时再加以考虑。但从主流上说，亚当·斯密的毫不含糊的立场，肯定是大多数古典经济学家所共有的。

第三节　自利与市场

如果说作为古典理论之基础的财产论是由大卫·休谟奠定的，则自利与市场的理论该归功于亚当·斯密。

谁能忘怀《国富论》中那些极易被人误解而又解释得恰当以至无可辩驳的段落，在这些段落里，亚当·斯密论述了由劳动分工而产生的互相依赖关系，一般因有关人员的利益而更加牢固。

> 在文明社会里，人时时刻刻都处于需要广大的人民大众

合作和帮助的状态之中，而终他一生又不足以获得少数几个人的友谊。在几乎所有其他的动物种群中，每个个体，从它成长到成熟，都完全是独立的，而且在它的自然状态中，也不会有获得其他生物帮助的机会。而人类却总是有获得他的同类弟兄帮助的机会，不过他若是想只依仗别人的仁慈而得助，却不会成功。如果他能够为自己的利益有利于人们的自爱心，并且向别人证明，按照他所要求的为他做事，也正是他们的利益所在，他就更有成功的可能。任何人在向别人提议做任何种类的交易时，他建议的正是这样的事。把我要的那个给我，那么你也可以得到你想要的这个，这就是这种提议的含义；在我们获得的东西中，以这样的方式，从相互之间获得的远远要比从许多政府机构获得的多，哪怕这些机构是好的和我们所需的。我们不是靠屠夫、酿造商和面包师的恻隐之心，才取得一日三餐的，我们靠的是他们对自身利益的关心，我们提出自己的要求，不是向着他们的仁慈，而是向着他们的自爱心，我们决不讲这是自己必需的，而是讲这符合他们的利益。

当然，误解常常是因为对自利概念解释得过于狭窄而引起的。把《道德情操论》作者（亚当·斯密）使用的这个词等同于以一己为中心的自私，实在是荒唐的曲解。十分明白的是，在此处以及在《国富论》的全书中，自利并不意味着自私。它的意思只是说个人的利益是一个人最密切关心的事。它们当然可能只是他个人的幸福；但也同样可能包含了家庭情爱、社会义务、朋友情谊，甚至还包含在他看来具有中心意义的更为广泛的活动。[①] 将自利解释为一定是“物质的”，也同样是一种曲解。随着购买力的提高，“仅仅出于物质性”的关心——不管物质性一词作何解释——的吸引力不是更多而是更少了。当亚当·斯密把他所说的自利作为个人经济活动的主动力时，他心里想的其实与阿尔弗雷德·马歇尔说下面的话时的意思一样。马歇尔竭力主张，在组织世界上的正常的工作中，“进步的程度，主要看人们能为社会的利益而将人类天性中**最强**的而不仅仅是**最高**的力量，加以利用的程度”。[②]

有了这个强有力的动力，斯密认为，自由市场的运用会保证资源的配置，或者说劳动的分工，去满足他所说的有效需求。如果在任何一种生产行业里，流行的价格使利润关于生产成本的比率高出正常的水平，就会出现生产者加入这一行业的趋势，直到这种不一致消失为止；如果情况相反，亦即价格产生不了正常的利润，甚至亏了本，就会出现相反的趋势。于是，“拿到市场上的每种商品的数量自然地与有效的需求相适应——对于运用他们的土地、劳力与库存进行生产的人，他们的利益是‘产量决不能超过有效需求；而所有其他人的利益是供应量绝不能满足不了这个需要’”。由于在这样的情况下，任何具体商品的生产成本中的组成要素，要

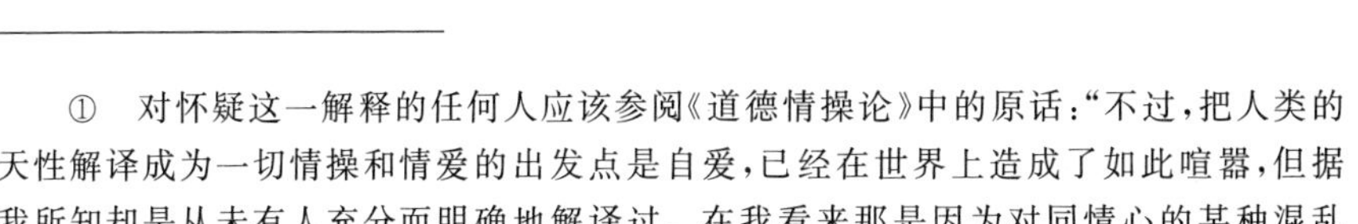

① 对怀疑这一解释的任何人应该参阅《道德情操论》中的原话：“不过，把人类的天性解译成为一切情操和情爱的出发点是自爱，已经在世界上造成了如此喧嚣，但据我所知却是从未有人充分而明确地解译过。在我看来那是因为对同情心的某种混乱的误解所引起的。”第 11 版(1805 年)，第二卷，第 315 页。

② 马歇尔：《工业与贸易》，第 4 版(伦敦，麦克米伦，1923 年)，第 664 页。引文中着重号是 D. H. 罗宾逊在他的《效用及一切有关的》[(伦敦，艾伦与昂温，1932 年)第 45 页]书中引用时所加。

按其他产品的生产者会出的价格购买，所以在近代分析中就出现了所谓的机会成本学说。这是一幅经济活动的图景，先是财产以及既往的活动和各种转让的结果决定了购买力的初始分配，然后经济活动就受需求力量的控制。人们根据他们对个人、机构及政府将如何花钱的预测指导生产。

从生产组织的观点看来，如此最广义地理解自然的自由制度，代表了一种分散的主动精神观念，它与由中央进行指挥的系统尖锐对立。在此制度内中央的组织以法律的形式出现；保证主动精神成为可能；而且他也承认有一些积极的功能非由中央控制执行不可。但占有这个领域大部分的，则是财产制度、市场、个人或个人群体的自发利益，在此基础上产生了归根到底由有效需求控制的生产组织。

应该清楚地认识到这个概念以（理想状态）自由为先决条件，用亚当·斯密的话说就是“贸易者只要高兴随时都可改变其行业的自由”。谁也不会比他更严厉地去谴责他所称的“欧洲的政策”，这个政策准许法定的社团以及受到关税或其他种类的条例所限制的市场，肆意扭曲价格系统的运作。但同时也应该注意到，他并不认为奉行这种政策会使市场的存在及市场对劳动决策的影响消失掉。他在评论同时代的法国重农主义学派的观点时，做过这样的说明：

> 某些想象力丰富的医生似乎认为，人体的健康只能靠某些精确安排膳食与锻炼的摄生法来保护。对这种摄生安排的每一个即使最微小的破坏，都必定导致破坏程度成比例的疾

病或失调。然而，经验却似乎表明，人体能在大量不同的摄生方式下，至少在外表上显得如此，常常保持最完全的健康状态；甚至在一般人认为完全不适合健康要求的条件下也是如此。看来似乎是，健康状态的人体内部含有某些未知的保护性能，能在许多方面或者防止或者纠正即使是非常错误的摄生方法的不良后果。本来是位医生而且是位非常富有想象力医生的魁奈先生，似乎对政治实体也怀有同样的观念，以为只有在某种精确的摄生安排下，亦即在完全自由和完全公正的条件下，才能生存与繁荣。他似乎没有想到，政治体内的每一个人不断力争改善其境况的出自天性的努力，也是一种保护机能，能够在许多方面防止和改正政治经济实体内在某些程度上既片面又带压制性的坏影响。这样的政治经济，尽管无疑多少会迟滞，却并不总能完全停止一个国家向富饶和繁荣前进的自然进程，更不要说让它倒退了。如果不享有完全的自由和完全的正义，国家就不能繁荣，则世界上就不会有一个繁荣的国家。不过，幸运的是，在政治体内，大自然的智慧已为治理人类的许多愚蠢和非正义行为的恶劣后果，做了充分的准备；就好像它在人的自然躯体内为治疗他的懒散和放纵造成后果做了准备一样。

所以由此得出对市场无形之手的赞誉，丝毫也没有认可当前现实的意思，因为总是被无知的人作为嘲弄口舌的市场无形之手，是个人“被指引着去追求并非他本意的目的”的意思。而当前的现实，按斯密的想法则受到赞成垄断性约束的当代法律的限制和约

束。这种赞誉其实是对客观存在力量的承认，这种力量若非受到限制与约束，按斯密的意思，就会形成与需求的力量协调的生产组织，无形之手沿着有益的方向前进；但它的运作总受到相反影响力的妨碍。

不过，假设没有这些相反的影响力又会如何呢？假设与《国富论》中介绍的法律与制度的框架协同工作的"自然的自由制度"取代了"欧洲的政策"，又会如何呢？从进一步思考与经验的角度，我们是否会说在生产组织这方面不再需要什么补充和限制了呢？这正是本章的其余部分及整个次一章要讨论的问题。

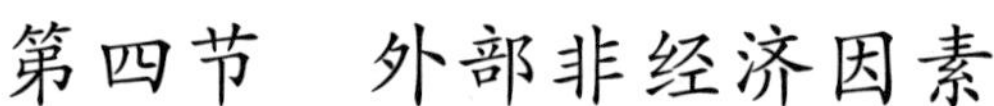

第四节　外部非经济因素

在开始这一考察时，我们要忽略财产形式与市场的更为近代的发展，因为在那样的情况下，可能有必要对古典的立场进行最激烈的批判和延伸。我们就假设是亚当·斯密时代的制度样式，在宣告关于那个立场的说法为恰当之前，对已经说过的内容是否不再需要进一步的评论或保留呢？

对这个问题的答案必然是肯定的，否则，即使把恰当的法律框架以及政府活动方面说过的要求考虑在内，通过市场力量组织生产的主张，也未明确地认识到特种经营会产生有害副作用的可能性，因为这种副作用必须将各种综合评价考虑进去才能认识。当然，我所指的用技术上的行话表示，就是所谓的生产的外部非经济因素——因有毒的排放造成的河流污染，烟尘进入空气造成的危害，等等。

对于这类现象所引起的问题是无须花费多少时间的。对它们的存在以及破坏的严重程度的可能性，不会有人怀疑，它们的性质与前面已经稍加讨论的消费的外部非经济因素十分相近。同样无疑的是，古典经济学家也会认为加以控制是符合需要的。亚当·斯密就提到过：制定条例以对付火灾蔓延的危险性是件好事。庇古用烟尘污染为例说明私人和社会净产品之间的区别，在半个多世纪以来已经是所谓的福利经济学中的普遍话题了。居然会有层出不穷的人发表文章与讲演，把这样的问题当作新近的发现——有时确实是他们自己的发现——我们可以把这看成是一种有益的提示，它告诉我们，任何一个重要的问题要被人们普遍地认识，需要多长的时间；但这种现象也是当代专业文献中存在着令人惊异的地方主义的证据。控制问题中的细节，费用和效益的权衡以及抑制具体的非经济因素所必需的行政管理，全都会因具体情况不同而有巨大差异，并且当祸害发生在跨越国界的地方时，差异可能会达到极大。但是，考虑到本书讨论的是一般原则，因此可以断言，除非此人是傻子或别有用心，否则就不会在原则上否认在这方面对自由企业提出控制的合适性。防止这一规模的污染，应该看成是法律与秩序必要框架中的一个部分。

不过，或许还宜于指出不为常人认识到的一点，即这个问题至少在某种程度上——我重复一遍这个限定词“在某种程度上”——正好是另一个更巨大的问题即人口问题的另一个侧面。毫无疑问，即使是在人口对土地和海洋资源的比率很小的地方，也产生特殊的消费的和生产性质的非经济问题。但只有在这一比例很大的地方，才会发生许多目前的严重问题。鱼类在排放的污水还是温和剂量的情况下，仍经受得住。一定程度的噪声甚至会使某些人身心愉悦；但超过了一定限度，就无法容忍。从这一点想开去，就应该明白，外部非经济因素的控制提出了许多（而且是复杂的）问题。但是，从服务于合乎需要的社会目的出发，理解如下的命题，应该不存在什么困难：无形之手必须在排除了此处所讨论的巨大非经济因素的范围之内活动。[①]

第五节　外部经济因素：新建的与残破的产业

在积极的副作用——即所谓的生产的外部因素——范围内，困难要大得多。在这方面的一般情况是某些活动的发展会带来有益的后果，但它们却没有进入负责这类活动的人的直接利益之内，正因为如此，用津贴或关税保护形式的公共支持鼓励其存在，就有了根据。

汉密尔顿和利斯特在吁请保护他们所关心国度里的新建工业时，提出了标准的分析，这一分析经过约翰·雷——不幸的是，他是个遭到世人忽视的天才——的发挥，作为对亚当·斯密的直接批判，无论在精微程度以及哲学广度方面都有无可比拟的发展。[②]

① 这样说并不是认为设计和执行以此为目的的政策不存在非常可观的困难。关于这点请参阅威廉·鲍莫尔和华莱士·奥茨的《环境政策的理论》（纽约，哈考特和布雷斯，1975 年）。

② 感谢多伦多大学出版社（1965 年）让我读到了雷的《政治经济学新原理》（1834 年）。据我的判断，这是我所知的各种文字的出版物中迄今对斯密的系统批判得最深的文字。

可能是受到雷的影响，大家都知道约翰·穆勒在反对保护方面是个例外——虽然他后来还是撤销了对于利用关税而不是利用津贴的支持，因为他的论断被人利用去谋取不可告人的利益。[①] 这一讨论所属范围专门与国际贸易中的关税和津贴有关，但它可以推广到劳动力移动和教育程度有明显差异的地区关系上，虽然在此情况下政治的及行政管理的困难要大许多。

这类观点的麻烦既有实践方面的，也有理论方面的。实践性的责难很简单：一旦给予有关的活动以支持，不论是用关税还是用津贴，它就会固定下来。新建的产业长成了巨人，但国家给予的支持依旧——这显然是资源使用的方向不当。在汉密尔顿的杰出的《关于制造商的报告》发表一个半世纪之后，美国仍然是个贸易保护主义国家，就是明证。

理论方面的问题要复杂得多，叫作如何度量这类副作用以及如何求得副作用与有关成本的平衡。显然不存在简单的数量化的模式：这样做的企图常常被认为是杜撰的，但不难设想出一些地区，那里独立创业的激励因素实在太少，某种家长式的创意反而是好事——虽然所谓不发达国家的实际经验提醒我们，在许多事例中，自上而下的积极性的方向都错得莫名其妙，而且这些方向又总是在西方经济学家的忠告之下决定的。至于经济发达地区，我又发现很难相信会有很多人为地培育出来的产业，从普遍利益的立场考虑仍值得推崇：在那样的社会里，教育的功能有可能以其他更

① 《政治经济学原理》，J. 罗布森主编（多伦多大学出版社，1965 年），第 918—919 页。

好的方式发挥作用。例外的情况也可以想象到，特别是在国防工业的范围内。但是经验又表明，实际上发生的事例更像是局部性压力的结果，而不是出于共同的利益。

可以设想，外部经济因素的概念不仅会使人支持新建的产业，而且还会使人支持破损的产业。易于想象出这种分析中有什么样的组成成分：工业技能的丧失，不再鼓励特定产品线的研究，地方税收的额外负担，等等。当今天的某个产业集团陷入困境时，我们难道没有听到过这种类型的申诉吗？——这里唯一缺少的可能只是更加矫揉造作的概念与行话而已。不过，按照我的判断，为破损产业辩护的理由要比为新建产业辩护的理由更不能令人信服。大家可能会同意，在现代国际关系的混乱局面中，会有必要为迎合国防的无差别受益，宁可吃亏也继续支持某些工业康采恩。而且更不幸的是，随着国防技术的复杂化，这样的例外情况要比亚当·斯密的时代多得多，当时他是以防务并不仅仅为了富裕作理由捍卫海上航运法令的。但是超出这一范围，理由就非常之不充分了。谁都会承认，当一个工业集团变得无利可图时，总会有已经提到过的各种不利于它的副作用的存在。但如果它遇到困难真的只是暂时性的，为什么不能轻而易举地从金融界获得正常的帮助呢？有了金融界的支持，那些副作用也就不会出现。如果困难不是暂时性的，除非这个工业集团希望永远保持那已被证明不恰当的资源配置，它最好以其他方式来对付不利的副作用——对劳动力的流动性给予援助，暂时解除资费负担，等等。人们是因为破损产业丧失了生存能力才认为应该给予它救济的，若是所有有关的都未能觉察到生存能力丧失的暂时性质，那才真是最不寻常的灾难或最

令人费解的失误了。普施这样的援助终有一天会使提供适宜的救济也变得更加困难。当前,已不用花多大力量就可见到,因为执行的政策不利于有关的产业去适应已经改变了的需求和供应的条件,这样的举措失当已招致了非常现实的危险。

第六节 财产和管理

从现在开始我们要研究的问题都具有如下的特点,它们在古典时期无疑是存在的,但从那时以来变得更加明显,而且至少要求对古典的观点做一些新的考虑。下一章讨论的全都是这一类问题,而且同时又与市场结构和垄断性的联合有关。至于所有权和主动首创精神之间的关系发生变化而引起的问题,却更便于在古典的财产与自利理论的直接范围内处理。

大卫·休谟对财产效用的阐述,表明他并不知道这方面的各种法律与习俗:也正是在这样的背景下,他才会嘲笑这方面任何简单原型化的自然法权思想。但他对后来证明是最明显的发展——合股公司形式的财产——却未加以重视。《国富论》对这种组织形式的潜力也缺乏认识。我们即将见到,亚当·斯密对于它们在非常有限的范围之外就不能有多大作为的见解,也非常拙劣。无论是第一卷关于劳动分工的论述,还是第二卷关于资本积累的讨论,都没有进一步提到这种财产特有形式,并不是偶然之事。关于合股公司及其规模的并不怎么深刻的讨论,出现于处理国家职能的第五卷。

自然,在亚当·斯密时代以及其后近四分之三的世纪内,这种形式组织的增长虽然相当可观，但仍因缺乏有限责任的规定而受到限制。投资者向这样的公司投入任何数量的资产，他就要按法律以他的全部财产对公司的所有债务负责。这样的规定对于这类公司的增长率自然是种明显的打击。但古典的经济学家中仍然至少有一些人反对取消这项规定。诸如奥弗斯通和麦卡洛这样的权势人物，就认为责任有限原则不道德。约翰·穆勒认为，假如吸收资本是公共的，就不存在道德上的反对理由，但这种观点远没有得到广泛的接受，为了使这一条不言自明的道理在国会通过，编写的小册子和进行的公共调查几乎数也数不清。[①] 但是，亚当·斯密的保留并不限于一般的论述。他对国家支持的垄断尤其是在对外贸易中施行多年之垄断的反感，虽然不合逻辑，却使他形成了除去少数例外情况外笼统地强烈反对一般的合股原则的意见。他论辩说：

> 在买进与卖出的市场上都有许多竞争者的情况下，在一个市场买进，另一个市场获利卖出；需要密切关注的，不仅是需求方面的偶然变化，还有竞争或供应——即从别人处获得所需——方面的更大更经常的变化；需要在所有这些情况中，运用机敏与判断让每一种商品在数量和质量二者都适合要求，所有这些都像是一场战争，其中的操作在不断变化，假如没有持续不断的警惕和注意，就不能成功地指挥这种战争，而

① 对此论战的更详尽的讨论参见我的《经济思想史中的经济发展理论》(伦敦，麦克米伦，1968 年)，第 105—108 页。

所有这些要求是不能奢望由合股公司的董事们长期满足的。

例外的情况是银行、火灾及收入保险，运河与水供应。它们之所以例外，按斯密的说法，是因为它们的操作“能够归结为人们常说的那种例行公事，或归结为划一的方法，很少变化甚至根本不会变化”。

用以后的发展来判断，这个看法显得相当可笑。确实，就像斯科特在他著名的《1720年前的合股公司》[①]中以一定的说服力指出的，这样的看法即使作为18世纪以前历史的评价，仍可怀疑它是否有道理。认为在斯密所指出的有限范围之外，这种形式的组织已无例外地或大部分如此地表明无效率或无独创性，也不能令人相信。那些用嘲笑过去的经济思想来写作通俗读物或发表通俗广播讲话的人，会发现在这方面拿斯密来开刀绝对是十分愉快的。

不过，很清楚的是，随着这类组织的出现，肯定存在着管理当局和股东双方利益之间的不协调的可能性。而且，尽管斯密关于董事会能力的教条式论断，无论作为历史事实的写照还是作为一般的主张，都站不住脚，但是，只要原来投资者的利益已不在他们自己个人的监督之下，则在他们的代理权性质及动力方面都出现了重要而复杂的问题，却是无可置疑的。

在我看来，如下论点非常错误，即除酬金和薪水之外，还必须要有大量财务利益，后者才是经管公共公司时有效率并关心股东利益的绝对必要的条件。肯定可以举出许多相反的事例。而且，

① W. R. 斯科特，《1720年前的合股公司》，第一卷，第448—458页。

由于人类动机的复杂性，在相当大的范围内，除去在收益扣除开支的剩余——正或负的——中分一杯羹之外，其他的激励——为公益服务的精神，真诚的责任心，公民的荣誉感，等等——也会合情合理地发生影响。不过，至少在历史上说，真实的情况可能是：许多最成功的公司之所以有主动独创性并取得成功，要归功于掌握大量股份的董事的努力；还有，目前存在的事实：为管理人员保留购买股份特权的广泛呼声也是一种证据，它表明即使在这样的层次，金钱激励的存在，也仍然有某些价值。这种激励与在荣誉名单上赢得一席之地的前景或者甚至与真诚的责任心相比，可能是**更经常起作用**的因素；而且也值得公开申辩一下，为妻子和家庭的缘故而干得更好些的愿望，作为一种动力，决不像近代的道德学家想让我们相信的那样，可以轻视。

此外，虽有许多瞩目的事例说明成功企业的管理当局或多或少是世袭的，或者是从范围有限的圈子里选拔的，然而同样存在着可观察到相反结果的例子。使用实验性董事的流行，今天已达到了过度的程度。在这些事情上，舆论常常至少要比现实落后四分之一世纪；至于大公司的董事会里，现在被技术专家、律师、会计师以及通过艰苦奋斗才爬到现在位置上的人挤满的程度，还未被人们充分地认识。所谓的传播媒介总是着迷地虚构基于这类误解的故事。但很明显的是，股东们的利益被智力或道德上不适宜的人所代表的可能性，过去有而现在仍然存在。

在任何情况下都不难一般地想象出董事会及其股东的利益有分歧的事例。贪图太平安逸的生活而不愿迅速适应变革，不能像其他称职的人那样把握盈利的机会，将应该付给股东的基金进行任意的再投资的安排，——这些以及其他成打的可能性都是这方面的消息灵通的讨论中广泛流传的。

毫无疑问，对这种情况中的一部分可以有这样的答案，股东们总可以选择其他的管理人员。但是，股东们并不总是对他们的利益有足够的注意。要对现代公司的复杂运作做出判断，与总经理相比，个人或少数集团总处于不利地位。即对这样的态势有人会说，有些集团专门研究有没有收购其他公司的机会，它们提出收购价的可能性，对于现在的管理当局是一种有用的检验。知道有这么一位X先生或Y爵士正用一只眼盯住你的资产平衡表，会神奇地使人集中其注意力。然而，收购性行业本身也会被滥用——虽然总是不恰当地滥用它自身——而且现代世界中大公司企业的境况，极易于使人以为，法律或非正式的条例还不至于让这样的事发生。

对合股企业领域内自从责任有限制引进以来的这些年内在这一方面发生的事，进行全面考虑之后，我要大胆地概括说，为了清除上面讨论的那些利益不协调，尤其是关于利润再投资的选择责任问题，虽然无疑还不充分，但已经做了许多事。但是——这是一个并不经常公开说出来的教训——这肯定是因为修正和加强了法律和非正式地施行的制裁，而决不是因为政府及其代表在具体企业经营上的直接干预。已经在世界上不同地区发现为必要的公司法中的细节十分浩瀚，与天真的人所持的想法，认为真正企业体制的必要法律规定，可以简短地铭刻在几块石板上，大不一样。但又可以引用它们来证明，为了在自由企业体制方面取得有序的进步，靠的是使自由决策得以做出的一般规则的逐步完善，而不是依靠中央政权的详细的决策规定。亚当·斯密的意见仍然是更具智慧的。

> 假如政治家真的试图指挥私人该以什么方式运用其资本,他就不但背起了最不必由他关心的包袱,而且还企图树立一种权威,它不仅不能安全地信托给任何个人,甚至也不能安全地信托给任何委员会或立法机构,假如这种权威落到一个愚蠢和自以为是、自认为适宜于行使这种权威的人手里,那是再危险不过的事。

第四章 生产组织(续)

第一节 竞争与垄断

从现在开始,我们要讨论市场经济中生产组织的更广泛方面的问题——在这个范围内可能会提出中央集中的管理比逐步演化的法律与秩序框架可以更适用到什么程度。

先让我消除一种误解。当前,有时会有人认为,市场经济的框架主要基于完全竞争的假设,意思是说其中的事态可以用数学模型来思考。事情并非如此。我可以肯定,如果把这样的说法讲给一个有代表性的古典经济学家听,或者让我们更进一步假设,讲给保证懂得有关数学的阿尔弗雷德·马歇尔听,都会受到驳斥;而照我的意见,也同样该驳斥。这样讲,一点也不想反对所说的数学模型:它们一直为一个有用的目的服务,使我们在分析某些假想的抽象关系时具有精确性。但古典的作者们所赞扬的竞争性市场经济所依据的概念与模型里的概念相比,既不那么确切又更具综合性。

说它没有那么确切,是说它肯定并不依赖如下的假设:所有的供给都由一个个单位提供,每一个单位提供的数量与总的产出相比,只占极小的比例,以至与人隔绝的单个变化不会对价格发生影响,所以对这些单位来说,边际收益与价格是相等的。这样的简化,从阐述的某种目的来看是有帮助的,正像马歇尔在他的《经济学原理》一书的"数学附录"的著名的"注释 14"①中明白解释过的那样。但并不能由此推断说在实际生活中事物总是如此，或主要是如此的。

此外，由于它还含有生产单位的数目必须很大才会有竞争的意思，也易于产生误解。在生产活动的许多分支，可能是在大多数分支中，初等教科书的叙述中十分得宠的单一产品企业，其实只是例外而非规律。即使在农业中也是如此；若是从相反的可能去设想，就易于大大地低估供应的弹性。竞争性态势的实际上的重要性质，并不是存在着大量的实际的供应者，而是如果任何一个实际的供应者真的赚了很多钱，总合情合理地存在其他潜在的供应者，他们会涌进这个领域，分走超常的利润。这样的事，在多种产品企业的世界里更有可能发生，那样的企业只需作相当微小的组织变动，即可开始供应一种产品。相比之下，生产更为专门化的企业想要增加供应量，有可能需要先投进大量资本。

但除此之外，如果我们把市场经济设想为经济动态地增长的动力，而不仅是满足已知和静止需求的工具——这肯定符合古典的概念，而且也正是体现其综合性特点的方面——就肯定可以明白，市场经济在任何时候都必须包括一些狭义的竞争概念里并不包含的要素。每向市场推出一种创新产品，就会暂时地出现一个垄断性的地位；而且确实可认为实现这种地位后的利益前景，至少部分地是在生产流程或产品方面进行创新的一种动力。关于市场

① 阿尔弗雷德·马歇尔：《经济学原理》，第 9 版（伦敦，麦克米伦，1961 年），第 894 页。参见我的《近代经济理论的进化》（伦敦，麦克米伦，1970 年），第 30—31 页，在那里，我讲到了对边际收益与价格之间区别的起因的几乎难以置信的误解。

经济的明智而符合需要的概念，肯定不会把这种可能性排除在外。在这种观点看来，重要的不在于这种意义的垄断该不该出现，而在于它不应该长期存在下去。[①]

第二节　垄断与垄断性经营——问题的性质

但是，垄断的问题要比革新和善意导致的临时性后果严重得多：虽然在某些情况下有可能把有害结果渲染得过甚其词，但凡是持久的垄断必须被看成是资源配置中的扭曲因素。对这种影响的基本判断，再也没有比亚当·斯密讲得更简练有力的了。他有一章专门揭示竞争性市场中价格系统的功能，在完全一样的一章里他写道："垄断者总是让市场存货不足，又从不充分满足有效需求，这样他们可以以高于正常的价格销售，使他们的报酬，无论是工资还是利润，大大高于自然的水平。"

所以就不能够说古典经济学家忽略了这些罪恶。在《国富论》的章章节节里到处点缀着有关垄断后果的斥责性说明。"垄断……是良好管理的大敌，良好管理不可能普遍地建立，而只能是自由而普遍竞争的结果。为了自卫，每个人也只能求助于自由而普遍的竞争。"它们"或多或少地扰乱了国家储备的自然分配"。

① 此处强调的把自然发生的垄断作为发展的观点，与约瑟夫·熊彼特在他著名的《资本主义、社会主义与民主》(纽约，哈珀和罗，1969 年)一书中第八章的分析在某些方面是一致的；但从本节的最后一句话及下文可以看出，对于他所说的垄断性实践，对可接受的市场经济的运行而言，是必要而积极的功能，我是不赞成的。

它们是非正义的。“在我们的商人和制造商中间，有些人出于他们荒谬而难以忍受的垄断需要，从立法机关勒索到一些权力制定法律，与之相比，我们税收法最残忍的也要算是温文有礼的。就与古希腊的德拉古法律一样，这些法律可说是字字都用鲜血写就。”

这样的态度在他的后继者中间也很普遍。李嘉图在他的《原理》一书中有名的“价值与财富”那一章里，进一步阐述了垄断对分配的影响——如果存在对水的垄断，社会上其余的人就会随着垄断者的暴发而贫困下去。还有，在《马尔萨斯笔记》中他又探讨说：“如果单个制造商……获取较大收益是符合需要的，则岂不成了（原文如此）赞成一般的垄断体制——这种体制只考虑资本家的利润而不去追求消费者的需要和利益。”麦卡洛在阐述财产的权利时，争辩说：“让少数几个人有权在排斥其他人的条件下经营某些工业行业的一切垄断，事实上都是如此地建立在对每一个人财产的直接破坏之上。它们妨碍人们按照他们自认为是最佳的方式利用他们自然的能力或权利；由于谁都不再是奴隶，他对于什么是自己的利益所在，必定拥有最好而且确实是唯一的判断，所以当他们被剥夺了运用自己能力的权利时，最明白无误的公正原则和财产权利全都遭到了破坏。”最后则是约翰·穆勒在他的《政治经济学原理》中宣称：“授予一个或授予一群结合在一起的为数不多的生产者或商人以垄断的权利，其实就是迫使公众不能不为垄断者的利益消费所生产的商品，相当于给予他们向公众征收任何数额的税收的权力。”

上述全是强有力的材料；而且还可以认为无论是对法定的营销机构、排他性的专业组织，或者是对工会的无论何种操作中的某

些特点,这样的观点作为我们时代的政策指导仍然是适用的。只要进入某个行业或价格竞争的限制权是在有组织的生产者或者受他们影响的政府的操纵之下,如下的假设就可在这样的场合中成立:其他也想成为生产者的人获得的边际利润,将在这种或那种意义上比自由竞争条件下的低。所以,除非他们不该有这种期望,他们只能降低其生活标准。然而,这样的看法并不能覆盖整个领域。它们在亚当·斯密及其直接后继者的时代可能是最实际的写照,而且即使在今天,对于这种由国家缔造的垄断所创造的财富,是否要比私人企业圈里任何自发约束所可能制造的财富更多,仍可争辩。但是在近代又有了垄断的其他表现形式,它们的最终效果相同,但它们产生的原因,却不再是国家的直接行动或鼓励活动。

这里讲的表现形式是什么呢?很可能有人首先会说是规模,因为从古典时期以来,工业单位的规模已经增大了那么多。但这只是个错误的迹象。除非把规模与市场连起来,规模本身并无多大意义。一个大企业可能处于尖锐的竞争之中;而一个小企业却可能无人与之竞争。而且即使巨大企业实际上没有竞争者,只要它出于谨慎的理由,它仍可以像有竞争那样行事。从普遍福利的观点看,真正根本性的不是规模而是产量的限制——假如这个领域不是控制在垄断者手中,而是敞开由其他人或群体来经营时,产出的数量会更多些。与市场有关的规模也可能确实包含在构成限制的因素之中。但为了在这方面建立起全面的看法,有必要更精确地分析这些影响因素。

第三节　专利

我们可以首先考虑专利权的存在。可以肯定，在古典时期也知道专利权，在当时及之前确实有过许多论战。但是如下的说法可能是正确的：专利权在近时更加广泛而且更加重要，已成为有助于在市场中取得权利，从而影响工业结构的一种影响力。拥有一组与所生产的产品群密切相关的专利，肯定是取得相当垄断权力地位的可能基础。

现在已经明白，专利权在本质上是知识财产，知识产权作为一种制度的合理性，必须有不同于物质财产的基础。[①] 从我们对几乎每一样事情的所知都还不够这个意义上说，知识是短缺的；但从知识被一个人利用之后，它的有用性——只要允许的话——对其他人并不消失这点看，现存的知识又不是短缺的。所以，在这个领域内的由于专利权而引起的任何短缺，并不是因为物质上的限制；它是被法律所强加的一种东西。在许多领域内的许多现存的知识，不受这类限制的约束；而且还有许多新知识一出现就可自由地使用。从事基本研究的人，如果取得成果，就会加以公布；他在自己的专业里取得声誉，他还可能获得或得不到微薄的报酬。但既经公布之后，虽然可能出现嫉妒和关于优先权的争执——这是一种众所周知的学术弊病——在发现的利用上绝不会存在任何限制。

---

① 参见阿诺德·普兰特爵士的重要论文“有关发明专利的经济理论”(1934 年，2 月)，第 30—51 页。又收入他的《论文及讲演选》(伦敦，劳特莱齐，1974 年)。

但这样说并不想反对在某些有限的技术领域内授予专利权。对于过去的单个发明家来说究竟在多大程度上主要的兴趣在金钱收入,可能是个悬而未决的问题,虽然很难相信这类情况不是经常发生。但是对于由工业企业进行的、涉及到大量费用的许多系统研究来说,很明白的是,如果不是为了这一类的刺激,就不会进行;而且虽然从事物的性质考虑,很难衡量该项新发明研究所耗费掉的资源,若用于其他用途,社会受益是否更大,但看来可以合理地假定,在许多情况下社会是受益者。如果真是如此,从稳妥的功利观点考虑,即使授予了排他性的特权之后会在某种程度上支持垄断,这样的暂时性授予特权还是可以的。

不过,应该采用什么形式,却包含了技术和法律上都相当复杂的问题。专利权应该授予多少年?多大程度的差异就可以更新专利?到什么阶段可以允许可能的竞争者在支付许可费用后利用有关的知识?如果专利权包含了对重要市场的支配,专利权的积累可进展到什么程度?这些仍然都是激烈争论的问题,而且显而易见的是,不可能得到可应用于一切情况的简短答案。对那些对什么问题都想有个简单解答的人来说,这自然寝食难安;而从一般道理上讲,在认识和实践上能有进一步的澄清也肯定符合需要。但在问题细节上的不一致,却不应该影响主要的结论:专利是个重要的活动领域,某种暂时的垄断有可能符合公共的利益。

第四节　技术因素

不过,除此之外还有一些活动领域,其中严酷的技术事实包含了会危及消费者利益的垄断地位。有些场合为了使生产有效率或在经济上成为可行，技术会要求生产单位达到很大规模，于是显然存在着这样的可能性，即优化的生产设施会十分庞大，从而使现有的市场处于垄断性支配之下。有一种在许多地方流行的思想，认为这样的事态在近代世界或多或少是种普遍现象，技术的进步必然导致垄断，这种思想当然是不对的，现在存在的竞争程度，以及如果垄断不是得到国家支持时会有的竞争程度，都要比主要靠政治小说家、通俗广播员、电视节目主持人形成其观感的人所设想的大得多。然而，这里也存在着古典作家肯定不曾充分认识其程度的问题。

在许多事例中，问题是人为的。一个国内市场可能仅仅是因为受到进口税或诸如此类的保护措施的限制，才受到垄断的主宰。如果允许竞争性的进口，对市场的垄断控制就会消失。在这样的情况下显而易见的处理办法是取消保护措施。国际贸易方面的财政政策所制造的那一部分垄断问题，至少其比例就不能低估。

不过，一定不要因为认识了这个明显事实，就看不见因生产的技术条件所引起的垄断态势，这种垄断与上述的影响无关，但却居于重要地位，只要诸如煤气、电力、铁路运输、码头及机场设施等劳务的供应，涉及地球表面上长条或成片土地或地表上空的使用，因为总是要靠强制性购买才能到手，则法律与技术双方结合在一起的考虑会使供应的垄断性质，即使不是不可避免，至少也有了压倒的可能性。因此，由于这样的条件，在缺乏某种形式的社会控制的条件下，就无法保证所有者的利益一定会与社会利益协调。

我认为，正是在这里可以意识到古典观点的一个真正的不足之处。确实,亚当·斯密讨论过道路和运河,约翰·穆勒写过一篇重要的文章谈论伦敦的水供应,对铁路也有过粗略的注意。但是考虑到正在进行的这类投资,至少在19世纪中叶时所占的比例,以及在这方面几乎不可避免地会产生的特殊的控制问题,我认为,无论如何都可以合理地责备第二代的古典作家对这类事情用心太少,以及在他们对自由企业系统作的介绍中——这种介绍仍然很有说服力——未能从事物的性质上指明政府权威在这一类服务的供应中卷入的程度,这种服务从数量上对一般福利极为重要。这样一来,就为费边社会主义的观点打开了大门,这种观点过去倾向于——到目前仍然倾向于——认为所有工业组织的问题与公用事业的问题完全一样——这当然是比古典观点中的任何疏漏都更加致命的错误看法。

不过,那是过去了的历史。对于现时的我们来说,仍然有一个如何处理这一情况的问题。可以设想两种政策类型:或者是彻底公有化,或者是由政府在严格的条件下授予合股公司以有限的特许。在当代的经济中每一种都有充分的例子。在有些范围里值得使用前一种解答,国有化或城市所有化。据我猜想,人们喜欢城市所有化,是出于意识形态而不是生产效率的考虑。我个人倾向于后种政策。但这些问题留待后文总起来处理集体主义时再加以论述,可能更方便些。

第五节　卡特尔和合并

前面两节中所讨论的垄断类型,肯定会引起控制问题;如果它们不服从专门的规则与限制，显然就会损及总的利益，但至少还可以认为，它们是在有利于生产的背景中产生的。例如由专利权造成的垄断可以这样辩护，如果不是垄断提供了激励，就不会有新的生产流程或产品出现。还有，某些生产活动的技术要求固然产生了垄断地位，但垄断地位也使社会得到了如没有垄断就要花更大费用才能获得的服务。要不是专利提供的激励，近代最卓越的机械发明中至少有一部分不会出现。强制性购买权虽然几乎不可避免地会造成垄断，但要不是这种权力使人获得了必要的长条土地，也不会有某些运输服务和各种电力供应。

以下述目的联合起来的生产者就不具备创造性的方面，他们或者是调整对自身的收费，或者是排斥别人的竞争，从而达到将价格维持在正常竞争水平以上的目的。他们使利润高于竞争条件下的利润，达到亚当·斯密称之为对社会的其余部分征收"荒谬税收"的程度，而且与此同时还强迫其他生产者在边际利润较低的情况下经营，无论使用的是什么办法，其净效果都是使产量低于允许竞争的情况。

对于更紧密的营业合并，也适用同样的判断，它们的目的是控制住足够比例的供应量，以保证对产品销路的有效控制，从而可以借助于操纵价格之类的手段，排斥有效的竞争。很重要的是，对于这种境况的频繁程度不要过甚其词。不正常的利润有一种从意想不到的方面引来竞争的倾向；而且也决不是所有营业合并都以主宰市场为主要目的。关于分担管理费、有更多的研究经费、为新的开发项目汇集资金来源等托辞，虽然总是被人滥用，但也不能一概看成是装饰门面的话。但在许多种行业的经营中，增大对市场的控制这个目的是个永恒的因素;而只要他成功了,至少易于犯上面讨论的那种滥用。

正像前面已经讲过的,古典经济学家并未忽略这类滥用,他们使用的"垄断"一词就具有完全的贬义。但在当时,正像我已说过的那样,除去对公用事业之外,他们对其他领域都注意得不够,而当时的工业结构的情况却是,由于缺乏政府这种或那种形式的支持,生产者的卡特尔式合并显得不稳定和短命,庞大到足以支配无保护的市场的合并,也并不常见。所以古典作家在这方面所提建议的重点,是反对由政府支持垄断,无论是授予排他性特权的直接支持,还是提供高层保护的间接支持。照我的看法,假如他们遇到了工业与商业结构在后来的发展,他们有可能赞成对垄断及垄断性实践进行积极的限制,而不会仅是那些针对不自然支持的措施。但这些都不在他们的主要观点之内。

不过,时至今日,地位已经有了变化。正如我已经论述过的,从广大的范围看,大部分垄断性限制的起源,仍有可能直接或间接地来自政府的政策,而政府则是在压力集团的诡计或策略的影响之下——我们只要稍想一下工业国家里几乎普遍出现的娇生惯养的农业,就可认识到所有上述的数量方面的意义。但是有一点仍然正确,即现在再假设所有卡特尔和合并都应该解散,或者再辩论说,至少在某些情况下,未获支持的垄断所产生的限制性影响还太小,不必为它们操心或还不需要政府的直接干预,都不再是明智的了。

但是,这类干预应该采取什么形式呢?对情绪炽热的人来说,有一种想法很有吸引力,即由一个简单的法律禁绝一切表现形式的垄断性行为，而且这个法律又能被一切普通的法庭所执行。但是这样的想法却无法适应于现实生活的复杂性。“贸易限制”和“公众利益”都是一些抽象的观念，需要先经过许多事例的检验，才能使它们的含义清楚明白到足以成为适当行动的基石。并不是表面上具有限制贸易意义的行动都有这样的长时期的效果——虽然，有许多行动无疑是有这种效果的。也并不是生产者的任何联合或合并都必然不利于公众的利益——虽然，有许多的合并肯定是如此。要在事先就对值得谴责或需加保护的一切活动分门别类，是起草法律条文的人迄今为止竭尽全力也一直无力办到的事。同样，要在事先对品种繁多、各具特色的潜在的垄断形式的环境做出规定，并从公众利益的观点判断它们的地位，也仍然是迄今未解决的问题。

在英国，这方面政策的进化有双重渠道。有一个限制措施法庭贯彻执行覆盖这个领域的总的法律，还有一个垄断委员会负责对现有的组织及拟议中的企业合并进行审议和提出建议。这种分工的可取之处在于通过法庭可以建立起一个案例体系，准确地指导未来要采取的措施；另一方面，通过委员会，又可以对组织的具体提议的与众不同的特色，根据它们的优缺点加以判断处理。这种做法与世界上其他地方，例如立法程序繁复无比的美国相比，孰优孰劣，今天来讲还为时过早。但这里的概念看来与一般政策理论的要求完全一致，而且也是合乎情理的。对这种性质的事，在心中既要记住“处变不惊”的格言，同时又不忘记这种背景下利益攸关各方的辩解都值得慎思明辨，这种总原则，是很有用的。我们不应该因为某些可能是暂时性垄断的出现而大惊小怪，同样也不应该为各种层出不穷的专家们的鼓噪所蛊惑，诸如市场会更为稳定，劳动与资本的应用更有效率等，因为他们都是从限制中获取财务利益的集团所豢养的。

第六节　工会

在现代世界上，有一组垄断性影响的表现形式值得特别提一下。我指的是工人和雇主的联合以及劳资协商的实践。

对劳动市场上雇主方面的联合无须费多少口舌。自从亚当·斯密在《国富论》中谴责雇主们一直在心照不宣地联合起来，将工资压到从共同的人道原则看最低的水平以来，时代已经变了。今天，当雇主们不是出高价相互争聘短缺工种的劳力时，他们的联合往往是相当不稳定的防御性联合，他们对付劳工的口径，可能一致，也可能不一致。不过，工会则已经积蓄了力量，而且在现代世界上，无论为好或为坏，都代表相当特别的问题。

在这方面，古典的及新古典的自由主义的立场全都是自相矛盾的。在英国，古典经济学家捍卫联合的自由。虽然不能断言他们完全相信"工资基金"这种说法过甚其辞，但他们并不认为工会具有巨大的力量能将工资水平提到高于自由市场所定的水平。他们支持废除联合法，因为这是一种把工人们的联合判定为犯罪行为的野蛮法律。约翰·穆勒甚至在他的《政治经济学原理》中，还为只准雇用一种工会会员的制度想出了多少有点莫测高深的理由，认为这样做可以使某些集团免于人口不可控制地增长的后果。但西尼尔在 19 世纪 30 年代早期，就对在工厂设置纠察线以及限制措施中的暴力行为，提出了强烈的反对意见；而且穆勒本人，除去已经提到的特别议论外，也严厉地反对工会权力总在使用的方式。

同样的自相矛盾也在新古典时期持续存在。以马歇尔为例，他用相当多的篇幅讲述了没有组织起来的劳工在劳资协商中力量处于劣势的例子，赞扬了工联主义兴起后的某些结果，他还与同时代的一些工会领袖有良好的友谊；但他对限制措施的危险就不再持同情的态度。在就1897年工程师的罢工给巴利奥尔的长老写信时，他甚至这样说："除非A. S. E.向雇主们真诚地让步，承认雇主有权让某一个人甚至他们中的二个或更多的人到易操纵的机器上去工作，我认为，英国工人阶级从伐木、汲水的劳力转变为自然力主宰的过程，将会受到一次漫长的检查。如果罢工的人赢了，而我是工程技术人员的雇主，我将不惜一切牺牲出售我的工厂并移民到美国去。"①但过后不久，却正是那个不管是对是错，自称与古典自由主义有某种联系的自由党，在1906年设法通过了行业劳资争议法，对工业行动过程中以及事后迄未消除的反常现象所造成的民事侵权以及随之而来的损害，给工会基金授予了豁免权。可以这样说，在这以后的很长一段时间内，许多专业经济学家在这类问题上的言论中就显得有一定的压抑，更不必说转弯抹角了。

不过，我总怀疑，当代的大多数自由主义经济学家，他们态度的特征竟会是毫不含糊地支持劳动市场中的垄断。在19世纪前

① A. C. 庇古主编的《阿尔弗雷德·马歇尔纪念文集》（伦敦，麦克米伦，1925年），第398页。在同一文集里关于工会致韦斯科特主教的信（第383—397页）很说明问题。

半叶赢得了有良心的人同情的软弱无力的联合,已经成长为在经济发展的细节及总趋势方面都施加可观力量的令人生畏的联合;不偏不倚的分析做出的判断,必须更加有区别性。

让我马上说明,我无疑认为,过去,在英国,工会的存在给工人阶级带来了好处。我并不认为,工会在不长的时间之前能够让工资从总体上大大高于其他情况下可达到的水平。我想,由统计数据显示的历史,有力地指出了这个结论。还有,工会能使特殊的人群免遭不公正的对待;工会能确保某些法律向着对工人的总利益有利的方向改进;工会还在工人阶级内部提供了自尊的基础以及培育了政治家的风度;所有以上的命题,我想,凡是公正地观察英国情况的人,很少会提出异议。

然而这本账里还有借方。我刚才说过,直到相当近时以前我并不认为工会的存在对总的工资水平有多大影响。但在特殊的领域里,那里的工会牢牢控制了工厂雇用人的大权,可能性就不一样了,属于有关集团里的人会得到可观的垄断利益,而与此同时,被排斥在外的人就不得不到别处按低收益工作。盛行在伦敦报业中的高工资就是一个明显的例子。许多妇女被摒弃在许多对她们的身体并无不利条件的活动之外,更是同类后果的广泛的例子。白人工会拥有排他性权力的地区内,有色人种工人的地位也是如此。

由工会组织的罢工,对其效果的评价是个复杂的问题。我倾向于认为,直到近时仍在广泛流传的关于罢工情况的说法,是过分夸张了的。由于金钱供应的弹性相当低,又缺乏过去四分之一世纪内才有的福利服务机构的间接支持,说大多数罢工都收到了使已经露出端倪的变革实现得更快的效果,还有可争议之处。而且肯定的是，虽然因为罢工损失的工时必然造成生产上的损失，但通常总要比一般估计的为少。

在涉及经济增长率时，照我们的判断更为严重的，却是限制措施，划分作业范围，对自由进入设置障碍等所产生的后果。我毫不怀疑地认为，诸如此类的后果的积累，都非常沉重地拖住了工业效率的后腿；在英国肯定是如此，而假如那里能消除许多工业中对劳力进行经济部署的障碍，产出率几乎马上就会有一个与以前的水平实际上不相连续的飞跃，而未来进步的速率还会更大。

如何对待由于诸如工会这种垄断的存在而引起的问题，不仅是实践中的大难题，而且也是智力上和哲学上的大难题。一般的自由包括联合的自由，这是不成问题的；在今天已经没有支持取缔结社自由法的人了。这里的问题也与其他形式的自由一样，当个人的自由或个人群体的自由侵犯了群体外其他人的自由时怎么办？同样可以肯定，一般的答案必定是：在这样的情况下，必须要有来自上面的控制。每个个人或群体的自由，必须限制在不致侵犯他人的范围之内。为所有的人制定的法律框架，是每个人的自由得以存在的先决条件。

任何一个赞成自由并认为它符合需要的人，都不难接受如上陈述的原则，困难是在将原则应用于具体领域时产生的。在那些联合的目的不止一个的情况中，困难特别尖锐，而工会肯定属于这样的情况，工会传统上为其成员提供救济、法律援助、劳资协商中的谈判技能，而这些服务丝毫也不需要含有垄断和限制措施。可以坦率地承认这类困难，就好像可以承认由于只想到群体内部团结而考虑得欠合理时会引起的困难一样——想在一夜之间就改变整个历史造成的形势,实在并不是明智的事。但是对所有这些困难的承认,并不意味着要像多年来一直对工会的行为采取的做法那样,从法律的条文上承认豁免的要求。这是一个绝无余地的忠告:只要非正义的权力存在,再假定它决不会行使,实在愚不可及。就大多数西方社会目前的情况来说,我认为,采取近代工会或职业协会那样形式的特殊类型的生产者的联合,也应该划进公认为适宜于控制垄断和垄断性营业的总的法律结构的管辖范围之内,否则就毫无道理。从纯粹数量的观点判断,根本用不着怀疑,这些领域中的垄断,全在现代世界上造成比几乎任何别的地方更大的损害。自然,在这方面无疑会有一些需要特别考虑与特别解答的特殊问题。但在我看来,工会和其他协会应该遵守法律条文,而那些一般与垄断及垄断性营业有关的法律分支也是适用的总的论点,无论在知识上还是在道德上都是无可辩驳的。

近几年中工会和劳资协商二者还引起了一些新的问题。我上面已经讲过的内容指出了在一个合理稳定的财政金融系统内会产生内部不和谐的主要区域。不过,如果货币和信用有大的弹性,如果总开支或者是出于有心安排的政策,或者是作为系统内在逻辑的结果,而不受限制,就会出现新的可能性;而劳资协商的结果所产生的影响就确实会非常严重——价格和收入会在一个螺旋膨胀的过程内追逐上升,从而对经济过程以及总的社会关系的稳定造成严重的损害。但这是一个更适宜于在以下两章更广阔的背景中加以讨论的问题。

第五章　整个系统的稳定

第一节　问题的性质

前面几章里所讨论的经济自由体制的古典概念，显然有一个重要的假设作为基础，那就是：至少从长远讲，可用资源的运用是被合理地充分使用的。我说了从长远讲，是因为我认为合格的古典经济学家决不会主张，如果需求发生了突然而且巨大的变化，就会有立时三刻的反应：无论那些从未仔细阅读过他们著作的人说些什么，这个学派的成员都明白反应性的变动需要时间。我还说了合理地充分地运用。我也同样认为，任何古典经济学家都并不期望，在技术与情趣经历着不停变化的条件下，未被利用的资源会像第二次世界大战以来通货膨胀压力时期在许多地方发生过的那样，其百分比为零或非常接近于零。

不过，这个假说也不是自明的。大多数近代国家的经济记录确实表明，除去某些严重的通货紧缩时期之外，有可能做工的人中的大多数，都得到雇用。在有统计资料的年份里，直到20世纪20年代和30年代的萧条时期为止，英国的就业率很少低于90%，而且常常超过这个比率。这确实可以用来提出某个假设：从长远的趋势看，合理的高的就业率的信念并没有错。然而就业百分比在高与低两个界限之间的上上下下，却正像即将见到的那样，已成为一个过去不曾而且现在也没有找到简单明了的处理方针的难题。而且，无须多说也会明白，通货大幅度的膨胀与紧缩，以及政府政策的后果，都分别制造出属于它们自身的额外问题。

第二节　所谓的市场规律

不幸的是，这类事情的讨论，从一开始就非同一般地被一种争吵搅混了：合理的活跃的贸易所产生的失误，是否部分地或从总体上说是由生产过剩造成的。J. B. 萨伊、詹姆斯·穆勒和大卫·李嘉图都为常人持有的观点担心：如果有任何需求转移了方向，生产资源会没有替换性的用途。所以他们坚持认为，从事物的性质上讲，不会有什么普遍的过剩，而贸易中的全部扰动全可归因于不合比例的投资。亚当·斯密的命题“每年储蓄的，也像每年花费的一样，属于常规的消费”，论述了似乎所有储蓄都是常规的投资的观点——这是一种将储藏倾向内发生变化的可能性都排除掉的观点。詹姆斯·穆勒和萨伊——后者还持有总被人忽略的保留态度——对此还添上了萨伊称为市场规律的变化，这个规律是说：生产过程产生了收入的事实，从总体上意味着，供应创造了对它的需求。就像詹姆斯·穆勒说的那样：“需求和供应是以特有的方式联系在一起的词。一个在供应的商品，总是在同时也是需求得以满足的商品。满足需求的商品，同时也总是添加到供应库存中去的商品。每个商品总是在同一时刻既是需求的又是供应的东西……但如果每个个人的需求与供应相互间总是相等的，则一周之内，所有个人的累计起来的需求和供应，也必定是相等的……所以这个论

证是完全的。"[①]所以，普遍的生产过剩就被排除了。如果在生产的一个分支供应过剩，就必定在什么地方存在着相应的需求的过剩。[②]

上面的分析，自然不能使所有见到它的人信服，对于拿破仑战争结束后在身边出现的灾难性的衰退有所认识的人，尤其如此。马尔萨斯写道：

> 自从战争以来，普遍感觉到而且不断抱怨的停滞，使我对那些人的原理感到费解。他们认为生产能力是财富的唯一要素，结果又推断说，如果生产能力增加了，财富肯定要成比例的增加。在战争结束以后，生产能力毫无疑问地是增加了，已有更多的人及更多的资本准备好运用于生产性的劳动；然而尽管生产能力有了明显的增加，我们仍到处听到困难与贫穷而不是听到舒适与富裕。……一般的说法是资本从显得过剩的部门转到短缺的部门需要时间。但我却无法使自己相信这样的转换经历了战后到现在的长时间仍不能实现，而且我要再次询问，资本的使用显得供应不足的场所究竟在何处？因为按照那个理论，资本不足的场所应该很多，而且足以吸收所有过剩的资本，后者明显地充斥于欧洲市场上许多贸易分支之中。[③]

大家都知道，马尔萨斯对这个问题的诊断是过分储蓄和消费

① 《政治经济学基础》，第 3 版(1844 年)，第 232—233 页。

② 人们总是把这一结论的更粗略的形式与萨伊的名字连在一起，其实，正像上面指出过的，萨伊要比英国的讲解者小心得多。T. 斯托厄尔在《萨伊的定律》(普林斯顿大学出版社，1972 年)中对他实际上说过的进行了有用的分析。

③ 《政治经济学原理》(1820 年)，第 498—499 页。

的不足。这样的诊断，乍看起来与近年发展起来的分析相类似；而且凯恩斯似乎确实是这么想的，他将之欢呼为他本人著作的先行者。不幸的是，这样的解释基于一种误解。在马尔萨斯的词典中，“储蓄”相当于现代意义下的“投资”；他还特地否认，增加储蓄可以采取增加花钱倾向的形式。他说：“目前的政治经济学家不会把储蓄仅仅解释为储藏。储蓄一词在这种不求发展且无效率的做法之外，若要考虑它与国家财富有何关系，除去对已储蓄的加以不同的应用（着重号系本书作者罗宾斯所加），也想不出其他意义。这种应用建立在由它所维持的不同劳动的实在区别的基础之上”。[①] 所以，马尔萨斯以及大多数消费不足论的追随者，就与储蓄流为浪费这样一个概念没有任何干系，而只有这一个概念才可以使消费不足论看来有道理。如果消费的减缩意味着投资的等量增加，再要假设总开支的减缩就没有道理了。

正统的说法就这样陷入了两难的处境，一方面普遍的充斥被认为是无法想象的，另一方面马尔萨斯又指出了这样一种事态显然存在着，但他否定了可据以逻辑地加以解释的概念工具。

这样的局面让约翰·穆勒焦躁不安。他写信给一位友人，说在友人正在写的那篇论文里，应该“避免使用‘充斥’或任何会与家父及萨伊关于普遍充斥的学说冲突（虽然实际上并不真的冲突）的任何词汇。很容易证明他们是对的；然而查默斯和韦克菲尔德也没有错”。[②]

① T. R. 马尔萨斯：《政治经济学原理》（1836 年），第 32 页。查默斯和韦克菲尔德可广义地描述为在这方面与马尔萨斯持相同的看法。

② 《约翰·斯图亚特·穆勒早期书信集》，弗朗西斯·明尼卡编（多伦多大学出版社，1963 年），第 236 页。

结果，他就在可能写于19世纪20年代末或30年代初，却一直留到40年代中出版《政治经济学中若干未解决问题的论文》时，才收进集子加以发表的著名论文“论消费对生产的影响”中做了这种性质的尝试。[①] 在这篇论文中，一方面坚决认为从总体和长远看，经济增长需要的是生产而不是消费的增长，另一方面，他又公开承认：“为了使所有商品全都过剩是不可能的议论，可以应用于运用了一种流通媒介的情况，必须把货币本身看成是一种商品（着重号系本书作者罗宾斯所加）。无疑，必须承认，不可能既有一切其他商品的过剩而同时又有货币的过剩。”

这样做当然保住了所谓市场规律的形式上的地位，但付出的代价却是牺牲了它在有关现实世界的议论中做出解释的应用能力。因为他接着写道：

> 那些断定在我们已描述过的阶段内所有商品都过剩的人，从来也不认为货币也是这些商品之一；他们认为流通媒介不是过剩而是短缺。他们所说的总的过剩，并不是商品相对于商品的过剩，而是所有商品相对于货币的过剩。总起来的结果就成为，在这样一个特殊时期的普通人，出于应付突发性需求的普遍愿望，与任何其他货物相比，更乐于拥有货币。结果，货币成为抢手的东西，而所有其他商品，则相形之下声名不佳。在极端的情况下，有人大量搜集货币并且囤积起来；在较缓和的情况下，人们只是推迟了与手中货币分手的日子，或者只有在借到了任何新的债务才与货币分手。但结果却是所有商品都跌

① 重印于J. M. 罗布森编的《经济与社会论文集》（多伦多大学出版社，1967年）。

> 价或变得卖不出去。当这样的事发生于单一的某种商品，就说这种商品过剩了；而假如作为一种专指的表达方法，那么在所有的商品或大多数商品都处于这种困境时，从事态的性质上讲，说所有商品或大多数商品过剩，也没有什么特别不妥当了。①

从穆勒论述的其余部分可以清楚地看到，他把对货币需求的过分旺盛的可能性，或者用时下的说法，计划中的储蓄与计划中的投资之间的逆向的缺口，看成是一种本质上短期的现象；相形之下，在没有新发明的情况下，害怕积累的收益率会接近于零的悲观论者，却会把这种现象论述为可以延续较长时期。但市场定律所设置，或假定由它所设置的，不得考虑这种可能性的障碍，算是消除掉了。②

① 《约翰·斯图亚特·穆勒早期书信集》，第271页。

② 有趣的是，在托伦斯的《论财富的生产》(1821年)中，可以观察到十分相似的解答。在第419—422页中，他说，“在市场的所有正常状态中，价格可由下述二者之间的比例来决定，一方是进入流通的商品的数量，另一方是影响到该商品流通的通货数量；当发生价格的普遍下跌或上升时，或者是商品的数量增加或减少了，而通货的数量维持未变；或者是通货的数量增加或减少了，而商品的数量则维持未变。不过在商品充斥及普遍停滞阶段，价格会由其他环境条件所决定，货币交换能力增长的比例会大于商品的数量。理由是显而易见的。货币是交换的一般等价物或交换媒介。无论是谁，只要拥有足够数量的货币，他马上可以获得他想拥有的其他一切物品。所以，若干种生产出来并进入市场的物品数量之间的比例失当，虽然会使商品之间的交换发生困难，却决不会使以钱易物发生困难。丰收会使农民难以用他的谷物换衣服，却不会在他用钱买衣服的交换中形成困难。所以，如果想把他的一部分资本换成衣服，首先得设法将谷物换成货币；至于衣服制造商，虽然就像他想获得他能消费的食糖、烟草、缎带和花边那样他想获得他能消费的谷物量，他仍然希望把存货换成货币；因为货币是一般等价物，而且从性质上讲又不会毁损，当他需要谷物或奢侈品的新的供应时，货币的购买能力要比衣服为强。所以，每当普遍的充斥或停滞出现时，将货物换成货币的愿望就变得比将货币换成货物的愿望更加强烈。这时价格下跌的比例，就要比商品数量及货币数量之间的关系会有变化时大得多”。这一段落中的根本性质的句子，也曾在我的《罗伯特·托伦斯和古典经济学的评价》(伦敦，麦克米伦，1958年)第286页中引用过。

鲍莫尔和贝克尔两位先生在他们关于萨伊定律等内容的论战的极有价值的调查中，也讲到了穆勒的这篇论文。他们认为，若是在今天读了这篇论文，[①]“人们就会奇怪，为什么在这之后还要写那么多的文献”。我想，他们是对的。但同样真实的是：穆勒本人在他的《原理》中，虽然对明眼人小心选用了一些术语词汇，让人了解早先论文中揭示的可能性，但却从来也没有公开地说出来。他更没有强调过他父亲的教条在应用上的局限。而且，虽然在他之后，就像在马歇尔的著名的关于不景气的描述中那样，信心的波动肯定起了作用，[②]因穆勒的深刻洞察力才成为可能的分析，却直到晚近才得到充分的开发。

第三节　硬币还是纸币

上面的所有讨论都与政策问题没有什么关系。从所有支持者的观点看，所谓的市场定律是反驳贸易保护及类似要求的一个有用论点。但从整个系统的稳定性考虑，它就引向一种消极的态度，而且在拿破仑战争后的通货紧缩时期，发展到对事物真实状态视而不见的程度，从而成为相信这一定律的所有杰出人物记录中的

① 论文“古典的货币理论：讨论的结论”，载《经济杂志》第 14 期（1952 年，11 月）第 335—337 页。

② 阿尔弗雷德·马歇尔和玛丽·佩利·马歇尔：《产业经济学》（1879 年）第 154—155 页。这段话在 D. H. 罗伯逊的《经济原理演讲集》（伦敦，斯特普尔斯出版社，1959 年），第三卷，第 200—201 页和在我的《经济发展的理论》，第 65—66 页中都引用过。

一个污点。[①] 至于持相反意见的消费不足论者，他们在大多情况下干脆缺乏积极的建议。马尔萨斯甚至对公共开支都漠不关心。[②] 劳德戴尔确实提出过反对用偿债基金偿还债务的论述，这也是在这个问题上他与近代的提法最接近的一处。[③] 在这群人中最重要的宣传意见是韦克菲尔德的关于开拓殖民地的建议，[④]这样的做法，偶然碰巧会引起国内的消费不足，而且，正如我们已见到的，是约翰·穆勒在其调停办法中想到了的。

不过，决不要认为，古典时期政治经济学的主要传统对总的稳定问题漠不关心：这一传统中的主要人物确实非常关心这个问题，这可以由文献的数量来证明。只是他们兴趣的中心主要不在产出和就业这个范围，而在货币和信用的圈子里。在这个圈子里，人们对政府会起某些积极作用，极少会有任何疑问。此处的问题并不是国家是否在这种或那种意义上要对货币的完整性负责，而是这样的责任是什么。

在古典的货币理论取得主要发展的时期，首要的问题是货币系统的基础，究竟是金属硬币好还是纸币好。在早些时候，或多或少地都把金属基础的存在看成是自然的事。早在亚里士多德的时代，

① 例如，可参见约翰·穆勒对布莱克的《在限制现金支付时期政府开支所产生效果的观察》的评论。评论在穆勒的《经济和社会论文集》中重印（第 1—22 页），比前面讨论过的著名的《论消费对生产的影响》一文要早。

② 见他 1817 年 1 月 2 日致李嘉图的信。载斯拉法编的《大卫·李嘉图全集》，第十一卷，第 10—11 页。

③ 科里教授在“劳德戴尔与公共债务——一次再思考”一文中，对他的立场做了有趣的分析。该文载莫里斯·佩思顿和伯纳德·科里合编的《洛德·罗宾斯纪念文集》（伦敦，韦登菲尔德和尼科尔森，1972 年），第 151—159 页。

④ 见他的《英国与美国》（1833 年），尤其是第 107—134 页。

交换媒介就已经从理论上被认为是合乎需要的；而贵金属在这一作用上的优点也已经提出，并且从那时以来一再被人重复。在以后的日子里，出现了信用手段，而且在账目结算中起了作用。但是，虽然像我们知道的，大卫·休谟认识到了它们会起打破平衡的作用，它们的当场可兑换性之符合需要却几乎受到了一致的认可，至于像亚当·斯密所提到的美洲殖民地通货那样对这一可兑换规则的任何偏离，都要看成脱离了常规，应遭到反对。劳提出的利用土地价值的力量发行货币的著名建议，遭到了苏格兰国会的拒绝，而随后在他指导下的法国财政的崩溃，更使人不再相信任何这样的观念。

但紧跟在法兰西革命和拿破仑战争之后的失调，却把硬币与纸币孰优孰劣，作为一个非常严重的问题提了出来。1797 年的暂停支付现金，作为防止银行灾难性破产的措施已经被特认为是正当的；巴林[①]和桑顿就是这样辩解的，但它又给英国的经济生活留下了一种不能兑现的纸通货，且带有强烈的通货膨胀及交换贬值的倾向。所以，实际的问题就成为：这样的事态是否允许其继续存在，以及如果不允许，又如何使它终结。

对第一个问题，古典的答案是个坚决的否定。在这群成员中，对价格上涨、交换票据贬值问题上纸通货膨胀要负责的程度，虽有某些不同观点；但他们全都同意，至少有部分的根源在此；而且当这个结论在著名的《关于金块高价格的报告》(1810 年)中有了古典的提法之后，他们的建议就强烈地反对继续以纸币为基础。

在评论这一态度方面，雅各布·瓦伊纳对有关文献的知识可能是无出其右的。他指出，当重金主义的反对者声称可以找到比

① 弗朗西斯·巴林：《对英格兰银行和纸币……的观察》(1797 年)第 61 页为主。

贵金属更好的通货本位时，他一直未能在该时期的材料中找到针对这种论断的严肃的意见。[①]我想，这是真实的。但在判断这一态度时不应忘记——而这在今天这一告诫居然仍然有效——尽管以金属为基础的货币价值有所退化，全世界在纸币方面的经验要坏得多。法国指券[*]的灾难在人们脑海中记忆犹新；而英格兰银行在免除了兑现义务后的作为，竟然使亨利·桑顿成为他的最严厉的批评者之一，而在他写《期票》时却还是它的一个拥护者。[②]当李嘉图1819年在下院委员会上作证说，“即使让他发挥想象力”，[③]他也找不到任何一个通货体系能比金本位的更少变化，他的说法确实是有坚强的实践为证的。

不幸的是，古典作者的记录中对问题的第二部分的回答，没有多少可资评说。这是说，如果金属的货币更好些，如何让情况回复过去呢？很清楚，纯金银条委员会在战事正激烈时提出的应该恢复现金支付的建议，并不是明智的建议。但即使把战争放在一边，并且假设在国际政治关系方面也没有什么令人担心的事，仍然还有一个十分重要的问题：向可兑换制的回复，要**按怎样的比率来**设计。从暂停兑换以来，通货已经有了相当的膨胀。在别处缺乏平行运动——平行运动是不大可能发生的——的情况，按老的金平价恢复贵金属支付，包含了可观的内部通货紧缩，它会带来这类紧缩必然会有的萧条后果。

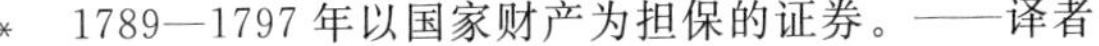

* 1789—1797年以国家财产为担保的证券。——译者

① 参见他的《对国际贸易理论的研究》（纽约，凯利，1937年），第214页。

② 亨利·桑顿：《期票》（1802年），第64—67页。

③ 李嘉图：《大卫·李嘉图全集》，斯拉法编，第五卷，第388页。

感谢斯拉法先生的研究，我们现在知道，李嘉图为了防止进一步的通货膨胀，在1811年曾准备支持在一段时间内按大于20%的贬值进行兑换的意见，虽然他同时还建议逐渐回复到它以前的价值。[①] 我们也知道，过了相当一段时间后，他在写给惠特利的信中又说过，如果货币内在的与外部的价值之间的悬殊过大，他就不会赞成这种回复。[②] 但事实却是，他本人在1819年对这一关系有了错误的看法，支持了当时的委员会回复到老的金平价的建议。此外，还必须承认，在1815年后通货压倒性紧缩的岁月中，古典作家及在他们影响下的那些人，对当时的困难都缺乏真实的了解，他们做出了各种各样的解释，就是没有提到十分明显的通货紧缩。[③] 真正说明这些灾难性日子里发生过什么的，并不是古典的经济学家，而是像阿特伍德那样后来被认为是狂热通货论者的人[④]——

① 《大卫·李嘉图全集》，第六卷，第67—80页。

② 《大卫·李嘉图全集》，第九卷，第71—74页。

③ 《大卫·李嘉图全集》，第五卷，第388页。

④ 可参见托马斯·阿特伍德：《就银行限制法案中的问题致利物浦伯爵的信》（伯明翰，1819年），尤其是其中第34—38页。“同样令人惊异的是观察到委员会在讲到英格兰银行及国家银行家时所持的冷静态度，说什么‘有充分的时间收回他们的贷款’。分工的最大的罪恶之一是让人们把心思和习惯过分专注于特殊的职业对象，以致很少有人了解除去这些直接对象之外的任何事情。这两个委员会的情况就是如此。他们对银行的业务一无所知，‘收回贷款’在他们可能像玩球一样，对银行家也是如此。但对公众来说，却是死亡。我希望这两个委员会会在普遍‘收回贷款’时期在一所银行里待上十二个月，这样，他们就有可能在一个短时期内获得人类生活及其方式和工具的知识，其收获将远远超过读完开天辟地以来写过的所有书籍。而且，如果要求银行家们在同一时间全都从事‘收回贷款’，这对他们来说也不会是件愉快的事。这会很像是要从石头里榨出血来。……假如有这么一个按照这个系统行事的私人银行家趁别人都在熟睡的时机这么干，他会觉得相当容易；但如果是所有银行家在同一时候都这么做，他们会发现，每前进一步，目标也后退一步。他们会发现完全不可能从一个失去活力、精疲力竭的国家‘收回他们的贷款’。”

所以会有这种贬义的称谓，他们本人也有部分责任。该为这一时期遍布全国的苦难与不安宁负责的，既不是雇主的邪恶，也不是机械地采用，更不是贫困法有什么缺陷：真正的罪魁祸首是信用的紧缩。而且，令人大为懊恼的是，对这件事的认识，即使到 20 世纪也没有广为人知，以致在第一次世界大战后英国政府奉行了类似的政策，而且还尝到了类似的苦果。

第四节　金银复本位制与价格水平

自从 1821 年英国恢复以黄金付现以来已经有百年时间了，以金属硬币还是以纸币作为货币系统最终基础之争，大致地说，已经结束。并不是说就没有人时不时地提出一些有时称作抽象系统的建议；但这些建议并没有在世界上引起多大反响。商界以压倒的优势赞成通货和信用有一个“实在”的后盾；而经济学家一般也持有这样的信念，即使贵金属有各种波动的可能性，而且依赖于地理发现及采矿技术的偶然事件，对于交易和会计，它们与政府发行的纸币相比，仍是更可靠的基础。

不过，这并不是说，就没有人去注意这样一种基础的价值也可能发生变化的问题。基本的决策做出之后，在随后的几十年里，已具有确定地位的东西确实多少成为既成事实。但随着一个世纪时光的流逝，人们开始认识到，若不对价格进行紧缩性刹车，黄金储备的年增长量就不足以维持贸易，而且这个认识正成为流行的观点。一方面，与黄金的价格相比，白银的价格下跌了，而且，越来越多国家将通货移向金本位的势头十分强劲；另一方面，全球的交易量又在增加。从19世纪70年代初开始的价格下降倾向，被许多人认为是总的经济生活取得满意进展的一个障碍。

所以就在各个方面出现了持续期超过四分之一世纪的一种游说，鼓吹金银复本位制的再生与扩大。它的说词如下：如果准许按金与银的固定比例公开买卖的发行中心扩大了，世界上这两种金属之间的关系就可维持不变，而货币体制的基础，即可获得的供应量，也会更加充分。在这种观点中，几乎用不着指出，白银利益集团起了积极的作用，而且其中也不乏政客们想从可能的亵渎神圣的研究——人类正被“钉死在黄金十字架上”等——中分一杯羹的渴望。但也要公正地说明，在当时的主要经济学家中，虽不是全部也有相当数量的人对此给予了无私的支持；而且出现了一批不容忽略的持赞同态度的文献——巴布的著作或许是其中最杰出的。[1] 考虑到这个背景，有关金银复本位制的论战——它并不像许多人想象的那样在知识性方面是贫瘠而乏味的——可认为是为了在国际范围内自觉地控制稳定的经济生活而进行的第一次广泛讨论过的建议，正因此，值得予以注意和尊重。

最终一无结果。19世纪90年代中叶，发现了氰化过程，可以从过去无法利用的矿石中提取黄金，从而使约翰内斯堡高地的大量资源成为商业上有用的资源，并且使黄金的产出有了可观的增加；从那时直到第一次世界大战爆发，物价呈上涨趋势。所以，改变货币本位的实际呼声也就此沉寂——当然，由白银利益集团发出的呼声是例外；而且大家也开始明白，改变本位之呼吁的知识基

① 大卫·巴布：《金银复本位制的理论》(1886年)。

础也并不像人们一度认为的那么有力。两种金属价值的波动总要比其中任一个的为小的说法，也不能令人先验地信服。而且即使假定存在着这种性质的设想，使它成为现实的方法还是没有说清楚。要使两种金属的交换比率稳定化，分析到底，总是要让其中之一居于优先的位置；而且虽然复本位制范围的扩展可明显地使系统的维持更加容易，但从长远看仍可证明是不稳定的。正如阿尔弗雷德·马歇尔在1887年3月《当代评论》中的著名文章[①]所表述的，如果货币单位一直可以交换的是数量固定的黄金与白银的组合，而不是基于固定换算率的一个量，就只可能有真实的金银复本位制，意思是说货币体制的基础是两种金属的价值。正像马歇尔本人说的，从理论上并不难以从黄金白银推广到其他精选的耐用物品，并以此作为更普遍的商品货币的基础。但在提出这种设想的当时，它只能当成奇谈怪论那样顺便提一下，它确实够机敏，但在国际关系的复杂天地里，却缺乏实际意义。直到1914年爆发第一次世界大战以前的那几年里，极少有人怀疑黄金的支配地位。

第五节　信用管理

货币系统的管理问题并不仅仅是选择一种用作交换媒介的金属。存在着可以替代金属货币的工具，它们采取可兑现票据或支票提存的形式。它们的存在，显然影响了潜在的消费总量；而假如要维持这些工具的价值，使之与基础金属的价值相等，就产生了相

① 重印于庇古编的《阿尔弗雷德·马歇尔纪念文集》，第188—211页。

当复杂的技术问题。是否要由法律来规定，储备要与这类债务维持在同一水平，或者银行方面在需要时应予兑现的义务，就足以成为必不可少的保证？因为即使在当时还没有引起严重的金融困难，信用手段的泛滥也会引发内部的恐慌——人们会急着将票据和存款换成硬币——和国家黄金储备的外流，这是因为国内的收入与价格的发展超过了国外的。在讨论这类事情的历史发展时，内部与外部的困难都是结合在一起的。但在此我的注意力集中于内部问题，只偶然地提到国际上的意义，而把详细的讨论留给以后的一章。

在进行金本位论战时期，普遍地认为，银行票据兑换为贵金属的义务就已经是防止这类危机的充分保证条件，而无论这个危机是内部的、外部的，或者是像通常发生的那样内外结合的。如果银行家有责任为这类纸张交付黄金白银，这样的义务就会敦促他们注意发行量的安全，从而也就消除了过度膨胀的危险。所以无论是对英格兰银行或是对所谓的“国家银行”所发行的票据，都没有规定什么条例。

但是事情的发展却不是这样的。可兑换性是恢复了。但在某些阶段，包含有内部挤兑和黄金外流的危机也发生了，有时还严重得骇人听闻。古典的经济学家在这个问题上分成了两派。[①] 以奥弗斯通、乔治・华德・诺曼和托伦斯为首的颇具实力的一群——所谓的通货学派——争辩说，只有可兑换性还不够，对症的办法是

① 对有关争论的更详细的介绍，请参阅我的《罗伯特・托伦斯与古典经济学的进化》，特别是其中的第四章。

要改变法律，规定国家银行不得进一步增加发行量，而且除去固定的受信托的发行之外，英格兰银行发行的所有票据都必须有百分之百的黄金作后盾。他们认为这样的规定可以使货币的供应情况与全是金属硬币时一样，可兑换性也因而得到了保证。以图克、富勒顿和威尔逊为首的反对派——所谓的银行学派——则争辩说，这样的义务只会成为银行行使其处理危机权力时的障碍，而只要英格兰银行在发放贷款时更加审慎，并拥有更多的储备金，可兑换性义务仍然是足够的。

在这场论战中，通货学派获得了实际上的胜利：1844 年的银行法强制规定，除去少量受信托的发行之外，票据与黄金储备必须有一一对应关系，这正是他们观点的忠实反映，而且也拒绝了他们对手的立场。在这场智力层面的交锋中，从处于最佳状态的来说，他们的议论要比对手显示出更多的分析上的敏锐和洞察。图克和富勒顿的议论实际上是在说，可兑换票据的滥发是不可能的。在审议这一议论时，发现它的基础性论点是，如果发生了滥发现象，票据将会流回去——著名的倒流原理。他们争辩说，通货的总量决定于价格水平而不是价格决定于通货的总量——这种论点不难用 16 世纪发现新矿点的后果来驳斥——但特别令人难以置信的是有些经济学家至今还在这样争辩。而且，正如我们将在下文中见到的，他们相信国际收支中的逆差总能由来自他们所说的“储藏”的支付所平衡，这种信念蕴含的政策，对维持固定的金平价十分有害。在这样的事情上银行学派的论点无疑是站不住脚的。

然而，通货理论的组成中也包含了严重的错误。除去托伦斯是个例外，其余的人全都竭力把银行存款排除在他们的货币概念

之外。他们眼里的银行业务只不过是一种工具，用它来减少对货币本身、可兑换票据和现金之需求。他们没能认识到，无论贷款是用票据还是用支票支付，因贷款而制造的信用，对货币价值的影响都相当于直接增加了广义的货币供应量。[①] 结果，如果要对作用于价格和活动的影响做出令人满意的解释，他们的模型就缺少了一个必不可少的成分；而且他们管理流通额的处方只限于票据，就无法控制支付总量中占有突出地位的那一部分。如果存款可兑换，则票据有接近百分之百后盾的事实，就仍不能消弭通货过分扩张一词（在广义和更适宜意义下）所具有的隐患。

随着时间的流逝，这一点已变得十分明白。1844 年以后，英格兰银行的业务部的储备，已经不止一次地显得太低，以致不得不把银行法搁置一边；而且即使情况还未严重到这一步，人们也是用可以用它当作最后一着的信念来防止极端的恐慌。奥弗斯通直到生命结束之时都一直坚持认为，实际上已经发生的事与银行法无关。从某种意义上讲他当然是对的，要加以批评的是银行法未加考虑的，而不是银行法已经做了的——这肯定不是批评所针对的

① 托伦斯是个特别的情况。在他致梅尔本勋爵的信（伦敦，1837 年）中，他清楚地说明了（已经为彭宁顿认识到的）把银行存款看成货币的理由；而且他似乎在一篇于 1857 年呈送给奥弗斯通的论文《论货币、银行和国际兑换》的草稿中重复了这一观点。递交的论文引起了奥弗斯通几乎是歇斯底里的反应："如果你向世间发表——这相当于打开了大混乱的闸门——它将是货币科学中的洪水猛兽。"（《奥弗斯通勋爵通信集》D. P. 奥布赖恩编（剑桥大学出版社，1971 年），第二卷，第 715 页）而托伦斯则在一封多少有点卑躬屈膝的信中宣布已放弃了这一计划："我让存款见鬼去了"（同书，第 717 页）。但在 1858 年，他又在该年一月份的《爱丁堡评论》中发表了一篇匿名的文章，重新提出了他早先的分析。他在较早时期似乎认为，以议定的储备率为根据，只要管理好票据就包含了信用的间接管理。但等到他写最后这篇文章时，他对于是否总能达到这一目的，已经不那么肯定了。

内容。

不过，人们逐渐由这种经验明白，如果信心动摇了，作为可以最后依赖的放贷者的英格兰银行的责任，与其他金融机构的责任相比，有很大的不同；而且如果有效的流通因为现金抽逃而枯竭，它就要发挥大量地放贷的功能来扭转这种趋势。

这个观点受到了诸如汉基这样的银行家的驳斥，他竭力主张，1844 年的法案把英格兰银行的发行部与业务部划分开的意图，是专门为了让业务部像一个正常的银行业那样经营。“越是使英格兰银行的经营同化于联合王国里每个管理良好的银行的经营，”他写道，“对英格兰银行和一般地对国家都更好。”①

汉基是 1844 年原理的真诚支持者。但是客观形势的逻辑却与他作对；竟要由沃尔特·白芝浩来给予这种观点以致命的一击，就不是什么偶然的事。他以强烈的实践意识，描绘了一个遥远的、其中银行的经营是完全自由的乌托邦——在我看来是乱七八糟。1873 年在他著名的《英国金融界——伦巴第大街》中，巴奇霍特写道：“理论认为，而且实践也证实，在一场经济恐慌中，银行储备的最终掌握者（无论是单个还是许多银行）应该向具备良好抵押品的一切单位，迅速、自由、乐意地放贷。施行这一政策，就可以减轻经济恐慌；而任何其他政策都只会加剧它。”他还说：“所以，可以绝对肯定地说，英格兰银行在这方面并没有特别的特权，它只不过是一家握有国家银行业储备的银行，它在经济恐慌时期必须同样地做其他银行必须做的事，在经济恐慌时期它必须向公众大量而有力

① 托马斯·汉基：《银行原理》（伦敦，1887 年），第 30 页。

地拿出储备。”①

所以在19世纪的最后25年中建立起了一个原则。为了扭转金融恐慌时期的灾难，对银行业系统的储备负有责任的那些银行的积极行动极为重要。这就是说，关于信用系统的最终安全，不存在放任自由的问题。这就为一种以后要加以开发的概念做好了准备：这个概念认为，负责整个通货的机构，对总量的稳定进化负有更为广泛的责任。

① 《英国金融界——伦巴第大街》（伦敦，1919年），第165页。

第六章　整个系统的稳定(续)

第一节　战争的影响

1914年爆发的第一次世界大战，是一个分水岭，把整个经济系统稳定性的管理思想，划分成发展史中的两个部分。决不要以为从大战以后取得主导地位的思想，在这以前就没有相当的提法；正好相反，几乎每一种思想都可以从文献中发现它的先行者。但只要涉及实际的政策，以及对政策有某种影响的思想，这种对比就十分明显。一直到那时为止，潜在的根本假设是世界上的主要地区都有共同的金属本位，或为黄金或为白银；在以金及银作本位的地区之间，虽然在关系上仍然产生一些实际的问题，但并没有引起广泛深入的理论性研讨，除去建议人们与黄金建立普遍联系之外，也没有什么其他建议。所以，虽然或许可以争辩说，从历史上看，当时存在的金本位，一点也不是教科书中模型的近似，却仍然有这样的事实：理论性思考主要假设，货币系统的根本特性是国际性的，而支配政策行为的实际准则所主要关心的也是维持必要的国际联系。

然而，战争的降临以及全球货币联合——指当时那样的——随战争而不可避免的解体，把上面的一切都打上了句号。卷入战争的各国都推行独立的金融政策。它们都在不同程度上求助于印钞机器和膨胀性借贷;结果就成为,各国通货内部的和外部的价值全都下跌。在许多情况下,这种下跌延续到战后,而且采取了极度膨胀的形式,这给不能迅速调整收入的人造成的浩劫,甚至比战争本身还要大。这一情况在德国和奥地利尤其明显,发展到了社会结构内稳定性的核心因素遭到摧毁的程度,而且也破坏了抵御 20 世纪 30 年代野蛮动乱的潜力,终于导致了第二次世界大战。

开始时,作为这种混乱和灾难景象的效果,产生了一种强烈的愿望,想要恢复到战前时代相比之下算是稳定的情况去。值得注意的是,连凯恩斯也有这样的要求,他在 1922 年 4 月写给《曼彻斯特商业副刊》的一篇文章中,以特有的强调语气表达出来。他说:"除去这个传统的解决办法之外,我看不到还有什么可以稳定局面的其他解决办法——也就是说在尽可能多的国家内实行金本位制。"无论这样的反应是否明智,能使这个目标实现的政策却被英国政府和英格兰银行无可挽救地贻误了。对于在当时还与美国一起领导着全球金融事务的英国来说,可以比较无痛苦地恢复到金本位去的一个机会,是在战争结束后不久就以贬值了的金平价恢复英国货币的可兑换性。这样做可在当时世界性的混乱中树立一个稳定的榜样。战后短命的繁荣破灭以后接踵而至的通货紧缩的影响,也可以因此而很好地平息。但当时的官方,既愚蠢地忽略了拿破仑战争后紧缩的一切教训,又把坎利夫勋爵及其追随者拙劣的建议当成明智的,决定按老的金平价恢复金本位。他们就用按过高的比率回到可兑换性这一决策,沉重地打击了英国经济以及世界上受英国经济影响的那些地区的经济,使他们直到 1925 年以前都陷于破坏性的不肯定之中。

正像全世界都知道的，这个政策失败了。以进一步的限制性紧缩为代价，新的平价维持了若干年。然后到了1931年，在世界性萧条的额外压力下，它完全崩溃，并且给世界上许多地方带来了更大的混乱；而且至少是从这个时候开始，人们也广泛地对国际性货币系统的思想失去了兴趣。把国际货币关系恢复到一个共同的金属基础之上的希望——如果可以合适地使用“希望”这一词的话——就这样地消失了。所以，其净效果就是把人们的心思转到地方性稳定问题上；而且至少有一段时间，在各个地区性通货之间维持有序关系的问题，也隐退到了背景后边。

这一点可以用凯恩斯与年事已高的马歇尔之间的一次意见交换作为生动的例证。1887年，马歇尔在我们曾在上一章中提到过的论文中写过：“为了使通货的价值保持不变而制订的管理通货供应量的计划，在我看来必定是国家性而不是国际性。”1923年12月，凯恩斯提到：“在我把《论货币改革》的小册子送给他之后，他写信给我说：‘随着岁月流逝，看得越来越清楚的是，应该有一种国际通货，在这方面，黄金是价值的天然代表的迷信——它本身是愚蠢的——起了极好的作用。我一直自誉为业余的通货医生；但我甚至无法向自己拿出一份具有这份能力的鉴定书。我已经是不久于人世的人了；但是，假如有这样的机会的话，我将向天国的新来者探询，您是否为治疗通货病成功地找到了药方。’”凯恩斯在1925年又加了一句：“至于在国家性和国际性通货的优点之间做选择的问题，我想他在1887年写下的是处于转折点上的话，至于说价值固定的通货，至少其第一个事例，必然是个国家性货币。”

所以，当代思维的前提假设，已经为进行地区性实验准备了更

大的活动场所，而这种思想当时是以凯恩斯为代表的。

第二节　国家政策目标

我将在下一章讨论所有这些对国际经济关系的意义。现时的目的，是考察被认为可应用于整个经济系统的一般原则，由此观点出发，我在此只考察提供了更大活动场所的假设。

开始时思想的焦点集中于使价格趋于稳定的可能性。正如上一章已经提出的，在偏爱以金属为本位的意见中，比较深思熟虑的意见与朴素的、鹦鹉学舌式的意见不同，始终是因为贵金属的价值要比替代它的各种货币形式更加稳定。与一切已知的纸币的实例相比，金币的记录一直比较好。现在，部分地是出于对战后极度通货膨胀的挑战，即是希望能超过这一记录，希望在人管理之下的、不会因地理上矿点的发现或技术上提炼方法的发明而改变价值的通货，能够更加出色；另一部分，还希望对地区内价格水平的管理，至少有助于消灭整个经济活动的利润边际的上升与下降，因为利润边际的上下界限一直都是经济系统波动的界限。

正如已经见到的，这样的题目并非全是新的。在金银复本位制的支持者中，那些更具远见卓识的人，一直都特别关心在货币的价值上减少不稳定变化的影响。但当时的背景是在金本位、银本位之间做选择，而且受到许多实际的限制。现在的约束条件已经不再像当时那样令人炫目的明显，而关于理想情况的讨论也没有那么多的限制。优化的系统是不是可以考虑成为：制订出工资报酬随生产率而增加的、大家一致同意的某种指标，用这样的指标计量价格,而优化的系统就是一批消费品的不变的价格水平?或者是不是应该让收入的水平固定不变,而价格则随生产率的增加而下降?前者的理由可以这样论述,它可以使工资的相对调整有一定的余地,而不必让某些部门把工资调低,而假如把平均收入不变作为总的目标,在有人调高时就有必要将别人调低。后者的一个有说服力的理由是,它可以使那些货币收入固定的人分享到生产力普遍增长的好处,而这样的事当然是很理想的。甚至还有另一派想法——本书的作者在某些方面也支持这种看法——他们认为,不变的商品价格这个目标本身就是不稳定的,因为商品价格里包含有会扭曲投资结构的金融加入,这是一个因1929年以前美国的景气而被认为已经证实了的可能性。在今天看来,所有这些似乎都是久远以前的事了,而且因为脱离了国际上的复杂性,它总有点不真实。但其中确也包含有大量深思熟虑的成果;近年来当人们在更广阔的背景下讨论金融政策时,至少有某些议题又重新获得了生命力。

接踵而来的是20世纪30年代的大萧条,这是一个对贸易、生产、就业都造成了如此深重灾难的事件,以致在许多人的心目中提出了疑问:经济自由体制的假设是否已经暴露出致命的缺陷,不转向总体的集体主义制度就无法治疗。我很明白,这当然是一种误解。真正出差错的不是自由企业系统内的分散经营的积极性,而是总开支的紧缩程度使这种积极性的计算发生了错误,也使企业的经营变得无利可图。但是,即使是认识到这一点的人,他们在制订目标时也出现了重心的变化。对凯恩斯的《货币论》和他的《通论》进行对比,就可见到极为生动的例证。在前一著作中,他强调的是使价格稳定;而在后者,重心就变为使就业稳定。前者的理论基础仍然是货币数量理论,而在后一著作中,总开支却成了决定的因素:诱导人们的消费倾向及诱导人们投资的因素。因为这里涉及的是一位如此有才华的思想家,无须多说,不应该过分渲染这一对比。身为《货币论》作者的凯恩斯,肯定也会像他的至少半个世纪以来许多先行者那样,关心就业率的上升与下降。写《通论》的凯恩斯,在就业不足的趋势得到纠正之后,也肯定不会否认防止货币价值不稳定的重要性。[①] 但最关注的重心有了转移也不容否认;而假如凯恩斯尚且如此,一般的舆论又会严重到什么程度呢?

随着时光流逝,又出现了两个环境因素,使得特别关心就业的情况在谋求成功地控制整个系统的标准里,有了进一步的加强。

首先是重整军备和战争开支。当这些在英国发展时,原来被认为是不治之症的低就业问题,就以轻松的步调减少下去,而当战争动员全面展开时,失业就实际上不存在了。后来在美国也发生了同样的情况。很少有人怀疑,假如政府真的拥有防止20世纪30年代早期噩梦的权力,人们觉得政府是会使用这些措施的。

除此之外,还必须认识到,当时人们还广泛地预期,一旦战争结束,商品市场在出现昙花一现的繁荣之后,投资会再次减退而世界又将陷于衰退。凯恩斯本人可当之无愧地称为"停滞论者",意

① 要对凯恩斯的态度进行任何充分的评价,除去考虑《通论》强调什么之外,还必须把战争爆发不久之后发表的小册子《如何为战争支付》(伦敦,麦克米伦,1940年)也联合起来考虑。针对某些凯恩斯的追随者天真地做出的反应,如果指责凯恩斯本人也忽视了通货膨胀的危险,那就大大地错了。

思是说他发现了如果不对投资的倾向给予鼓励，它在达到他所说的合理而积极地利用资源的危险点之后，就很难长期地维持下去；而凯恩斯的态度又在美国的高层权威人物中间散布——最明显的是阿尔文·汉森。这种观点坚决主张，开辟新边疆的日子已经过去，另一方面，能够提供高的利润率，能使人们投资的意向足以与储蓄意向抗衡的新发明还相当遥远。所以怀有善良愿望的人的努力方向应该是形成国家的和国际性的机构，以便在通货紧缩的威胁面前提供适宜的保护。至于对通货膨胀的恐惧，就只有有限的少数人接受。

第三节　就业政策的含混不清

在这样的环境条件下，把防止经济衰退和维持高就业率作为公开宣告的政策目标，就是很自然的了。英国政府在战争时期用一份特别白皮书树立了榜样；然后许多国家也都以这样或那样的方式做出了同样意图的承诺。而且，还有许多公开的讨论。威廉·贝弗里奇爵士(后来晋升为贝弗里奇勋爵)是社会一般保险方面的大专家。他写了一本被人说成是“报告”——就好像那是一份正式的政府文件似的(其实并不是这样)——取名《自由社会中的充分就业》的书。[①] 这本书做出的允诺和提出的政策，与英国政府白皮书的审慎措辞相比，在程度上是大大超出了。它完全可以看成是许多有教养的人思考未来问题时所具心态的原型。

① 《自由社会中的充分就业》，第 2 版(伦敦，希拉里，1960 年)。

不幸的是，跟同类型的一揽子声明及诺言所常有的情况一样，这本书里存在着重要的忽视和含混，以致混乱了这方面的期望。

首先出现的是测量方面的含混。把“充分就业”这个一般地设想为理想的状态，说成是只有20世纪30年代的某些时候才风行一时的概念，那自然是纯粹的无知或假充内行的标志。从佩蒂以来的早期文献，提供了按这样的意义使用这个词的大量例子。古典经济学家可能一直非常乐于假设，当时的金融和工业系统有一种内在的倾向，它会排除干扰，最终创造使充分就业得以实现的条件。但人们最好先各处看一看，是否存在这样那样的理由，使得充分就业成为并非理想的东西。

在试图测量得更精确时，就出现了我正讨论的困难。十分明显，在任何一个在内部和在外部都免不掉变化的社会里，“充分就业”并不意味着百分之百的劳动力都在工作。在任何时刻，当统计不在工作的人时，按照任何合情合理的定义，总会有一定数量的人因为需求与供应的基本条件发生了变化，正在从这一工作转向另一工作；会有某些人因为季节性的影响而暂时失业；还会有人因为支付给他的报酬难以接受而不愿提供劳务。正因为这些复杂情况，联合政府白皮书总是只提“高水平就业”，而不使用易于引起误解的“充分就业”。即使是贝弗里奇，是他让这个词汇通俗化，而且还使他所推荐的政策效果家喻户晓，也专门用一章的内容来说明“充分就业”并不是失业率为零的就业。确实，他允诺的极限是平均失业率为3%；由于即使是管理得最完善的系统内仍会有涨落，以致实际的失业率有时会高于3%而有时则低于这个数字。事实上，一如大家所熟知的，自从战后以来的大部分阶段里，英国的失业百分比一直要比3%小许多——这就使几乎普遍受到政客和报刊怂恿的广大公众，把任何接近于贝弗里奇标准的变化，看成简直是一场灾难已经降临的标志。在通货膨胀先是缓慢进行、到最后又加速发展的时代里，对充分就业的这样一种含混的认识，肯定不会使政策的推行变得更加方便。[①]

第二个含混不清更加严重。只提"充分就业"的一揽子保证而不讲清楚它与收入及生产率的任何关系，很容易陷入严重的困难。如果能在别的事情都不变的条件下设法弥补总需求中的缺陷，弥补在收入与按人头计算的生产率同步增加时资源的利用不充分的缺陷，那自然是适宜的而且也是高度合乎理想的事。但如果货币价值的稳定或接近稳定成为更为迫切的任务，这时再只顾"充分就业"的保证就不适宜了，必须要考虑收入按照需要的量增加与生产率的增长率之间的关系。例如，假设按人计算的生产能力，每年按4%增加，同时又存在着将平均工资增加，譬如说20%的要求。肯定十分清楚的是，在这样的情况下，"充分就业"只能靠增加开支的总量来维持，而开支又要靠某种形式的通货膨胀作为财务来源。可以十分自信地断定，英国政府白皮书的观点并不考虑在这种情况下仍保证高水平就业；而且虽然我们知道已经采用过或多或少具有这类后果的政策，却是难以相信，任何一个政府，无论它多么

① 某些困难肯定可以归因于只引用未经加工的失业百分比而不同时说明失业延续期的习惯。如果有关的人失业时间在一年以上，1%的失业率也是个严重的社会问题。如果因调换工作而失业的时间不过一两个星期，即使是譬如说5%的失业率，也不必引起严重的关注。

不称职，会有意识地向人们保证，不管所要求的工资是多少，货币仍将有充分的购买力并且还维持“充分就业”。十分可能的倒会是，至少在一段时间之内，选民中有相当比例的人宁可要“充分的就业”而不是相对稳定的价格。但经验又提醒我们，最终必定会达到一个点，这时选民们的好恶会倒转过来，这时防止货币购买力完全崩溃的政策又会取得优先的地位。

第四节　政策工具

我刚才追溯的，是在整个系统稳定性方面的目标变化，与此平行的，还伴有在恰当的工具方面的概念变化。

一直到1931年，除去战争时期是例外，主要的政策工具是银行利率及对信用的非正规管理，目标则限于外部均衡的维持以及受政府担保的市场的管理，以便保证这个市场的利润率，使它尽可能地取得当权政府的欢心。利用财政政策去影响整个经济活动的发展速度，虽然也偶然地成为公开讨论的题目，但肯定还没有作为有可能采纳的政策，赫然出现在人们的眼前。平衡的预算虽然不是总能办到的事，却已经是大多数务实的政客挂在口头奉献给选民的牺牲——我这样讲，纯粹是一种描述，一点也不想在这个阶段对此问题预先做出裁决。

1931年暂停英镑兑换黄金。必须把这件事看成是一个转折点。解除英镑和英货币区与黄金的固定联系，给人一种在内部政策上增加了策略自由度的感觉；而且，虽然这主要是由官方在一次大规模兑换行动中决定的，舆论中相当重要的一部分——我要遗憾地说明,我并不是其中的一员——争辩说,以公共开支的方式缓解就业不景气的恶果,还大有可为。以后一个阶段中在美国做成功的事——或认为是做成了的事[①]——加强了这一派的思想;而我已经提到过的重整军备的洋洋大观的效果,在人们心目中产生了甚至更进一步的印象。所以在联合政府白皮书发表的日子,更不必提贝弗里奇的"报告"出版的时候了,认为利用财政政策实现稳定的概念几乎处于如日东升的阶段,是毫不过分的。[②]

包含在这方面内的合适技术的概念,是个进化中的概念。将必要的公共投资运用于道路、学校、医院等形式的思想,早在1909年贫困法调查委员会时期就由阿瑟·鲍利公开提出来了;到1929年大选时,凯恩斯和亨德森在一本名为《苏埃德·乔治能做到吗?》旨在支持自由党、被广泛阅读的小册子里,还把这种思想提

① 美国在这个时期利用财政政策缓解不景气的净效果,以及这个政策与联邦储备系统的限制货币政策相结合后的比较效果,至今仍在争议而无定论。特别请参见米尔顿·弗里德曼教授的《美国货币史,1867—1960年》(普林斯顿大学出版社,1963年)。

② 本书作者在公布联合政府白皮书的记者招待会上亲眼目睹的几乎令人难以相信、但确是事实的一段插曲可以作为例证,说明这一题目中的思想已经隐入背景中去的程度。当时任《经济学家》主编的杰弗里·格罗瑟稍带恶作剧地询问代表财政部的一位高级官员,在白皮书中缺乏货币政策方面任何明显的标题,是否意味着政府已经放弃了这个工具。令人惊异的是这位(已故的)高级官员以强调的语气对此问题如下作答:"噢,不!完全不是,当物价上升,我们将让银行利率下降(原文如此),而如果物价下跌,我们又会让利率上升(原文如此)。"财政部不是一个应予嘲弄的机构,这个例子也可以公正地用有关的高级官员的专长不在这一方面来说明;如果是这个部里在战时的高级智囊例如理查德·霍普金斯爵士或弗雷德里克·菲利普斯爵士用这样的措辞来回答,那就难以想象了。但此处说出来的话肯定不仅是说漏了嘴的失言;讲这句话的人——他在当时是这方面的高级负责人——根本就没有对总的货币政策做过通盘思考,更不要说弄清楚利率与物价水平之间的关系了。

炼为一种确切的纲领。到后来，或许是受到这本小册子的鼓舞，拉姆齐·麦克唐纳延聘亨德森担任新成立的经济顾问委员会的书记。但是亨德森却丧失了这方面的信念，在我看来主要可能是因为从行政管理的角度考虑这类开支的时机选择过分困难；结果他决然地抛弃了自己早期宣传过的东西。但凯恩斯并没有因为他的后撤而气馁，一直到底都坚信这一类反周期性控制的可能性[①]——一如英国国内外越来越多的专业意见所主张的那样。

不过，概念逐渐地扩大了。如果预算限额以内的资本开支可以这样利用，一般的公共开支为什么就不可以呢？虽然说亨德森曾加以支持的那一派极端悲观的思想不能说是有道理的，然而那里讲到的那一类公共工程的时机选择，在官方投资的程序及拖延上遇到的困难，却是千真万确的事实。于是人们不由得想到，干脆放弃普通预算内的逐年平衡这个目标，就利用开支与税收的变化作为主要的反经济周期的工具，岂不更加简便。涉及这方面的保护措施时，意见仍有分歧。但一时之间，利用财政政策谋求稳定的思路确实占了上风，无论这个财政政策采用的是控制公共投资的形式，或是赤字预算或结余预算的形式。

再往后，概念变得更加折中了。这时，人们对货币工具的厌恶心理——这种心理是因为当年道尔顿在资本特别短缺的时期，试

① 我还清楚地记得他的乐观心情。那时某一位同事根据乘数为 2 的假设，进行了研究和计算。我有一天走进他的房间并告诉他："通过对公用部门中适应性更强项目的处理，在现时的国民收入水平看来，似乎约 2.5 亿英镑的变化是可能的。""这正是我一直在想的"，虽不能发誓说一字不差，我记得他是这样说的："人们认为我在做一些大得吓人的打算，而其实我认为必需的也只是这样一个数量级的操作。"

图迫使长期利率处于2.5%的水平,将货币工具运用到了极限而引起的——开始消失。在美国,因为联邦储备系统有义务维持长期公债的价值,对它运用货币策略在活动范围上施加的限制,这时也产生了类似的观点转变。所以早在20世纪50年代,人们再一次承认,采取银行利率及公开市场买卖形式的货币政策,可以作为一种稳定化的工具加以运用。因为承担了国际义务随之而来的外部均衡方面的考虑,也部分地起了作用。

到20世纪50年代中期,这一过程已经发展到了要求进行官方考察的程度,以了解货币工具的潜力,结果委派了一个研究货币系统功能的拉德克利夫委员会。该委员会在这方面的报告具有两个明显的特征。它承认货币性措施作为稳定化政策工具的可能性,虽然它反对对它们的效率有不恰当的奢望;还有,在这方面,它把注意力集中于整个系统的偿债能力控制以及通过利率管理这样做之间的关系。它倾向于把货币的供应看成是现实主要目标的结果,而不是实现目标的决定性因素。而从本书的观点看,尽管这种议论得到了高级权威人士的支持,却并没有在保证整个系统稳定性的基本方法问题上,起到澄清思想的作用。[1] 我将在下文中再谈这个问题。现在却要研究我们所考察阶段内的历史发展,这个阶段是指目标与方法发生革命性变化以及1945年第二次世界大战结束直到现在的这段时间。

① 参阅拙著《货币、贸易和国际关系》(伦敦,麦克米伦,1971年)中对拉德克利夫报告的长篇分析。

第五节　战后通货膨胀

不能够说使政策具有上述那些目标的忧虑，已由战后的历史所证实。世界各主要政府所遇到的一般稳定问题，并不是防止失业和通货紧缩，而是相反，是经济过热和通货膨胀。除去可以用特殊原因解释的短时期之外，大多数工业社会的就业水平，一直相当地高于以往阶段中的平均值；而且在某些地区，货币价值也以前所未有——战争时期及战乱后的极度膨胀时期除外——的速度下跌。可以肯定，英国从来也没有在和平时期听说过最近几年发生的通货膨胀率。

在这些年通货膨胀的原因中，至少有一部分是过去一直就知道的：政府的收入和非膨胀性借债不能抵消政府开支，利率又明显地低于任何设想得出的均衡水平以及因为利率低而引起的过度贷款。需求膨胀并不是一种新的现象。它曾一再在历史上显示出来。假如说有什么新鲜的，应该说是发生需求膨胀时的知识界的氛围。从20世纪30年代继承下来的惧怕通货紧缩的心理，一直妨碍政府防止需求膨胀的措施，否则政府就要受到政策不利于就业与增长的指责。贝弗里奇所坚持的充分就业政策里含有一个条件，叫做“没人在干的工作永远要多于没有工作的人”，这是一种劳动力的需求永远超过供应的立场，尽管他会否认这种指责，事实上这确是一剂永不休止的需求膨胀的处方。但舆论的一般风气却容忍这样的概念，就好像它们有明显的道理似的。

与此同时，在此阶段内，成本方面的影响也有了发展。这种影响虽然既不是普遍的，也不是连续不断的，但同样可认为对此过程起了作用。假如有力量的生产者群体享有垄断权，而且它们对本已超过所生产价值的价格或报酬，还要求增加，在比率上又超过了迄今为止供需处于平衡时的情况，则下述的二者必然发生其一。或者对它们产品的需求下降，而假如这一部分产品的需求是无弹性的，也会使其他产品的需求下降，而失业将接踵而至；第二种可能是，如果因为害怕这样的后果，并且不考虑对价格的影响而不顾一切地保证高就业水平，如果政府或中央银行创造出新的购买力去支撑市场，就会发生通货膨胀。如果这一膨胀又在别的什么地方引起了进一步的需求，以维系所谓的相互依存关系，而且如果——遵循一种只宜在托儿所里哄人而不宜在现实世界里应用的观点，认为只要改进管理总能改进生产，使生产满足任何数量的需求——再提供与之匹配的购买力，就会有进一步的通货膨胀，如此等等。

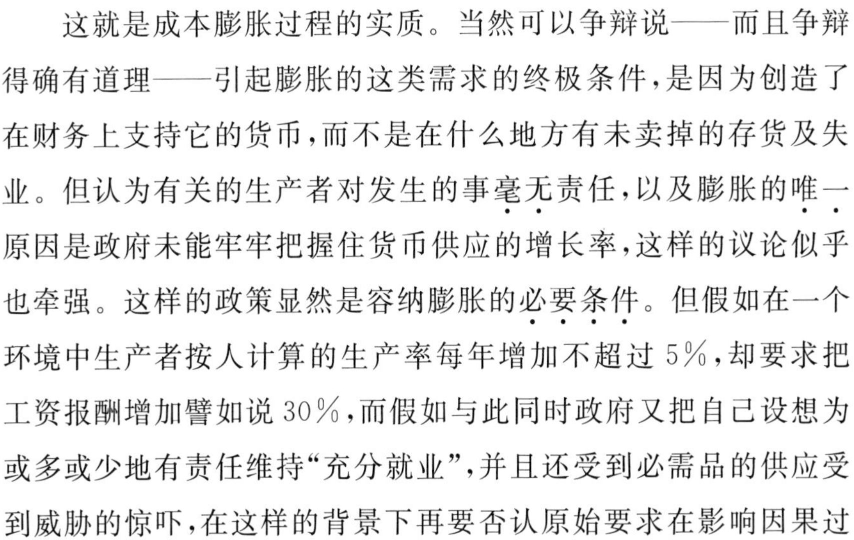

这就是成本膨胀过程的实质。当然可以争辩说——而且争辩得确有道理——引起膨胀的这类需求的终极条件，是因为创造了在财务上支持它的货币，而不是在什么地方有未卖掉的存货及失业。但认为有关的生产者对发生的事毫无责任，以及膨胀的唯一原因是政府未能牢牢把握住货币供应的增长率，这样的议论似乎也牵强。这样的政策显然是容纳膨胀的必要条件。但假如在一个环境中生产者按人计算的生产率每年增加不超过 5%，却要求把工资报酬增加譬如说 30%，而假如与此同时政府又把自己设想为或多或少地有责任维持“充分就业”，并且还受到必需品的供应受到威胁的惊吓，在这样的背景下再要否认原始要求在影响因果过程中所起的作用，对发生过的事情做这样的解释，似乎有点异想天开，或者说是政治上的天真了。正是这一类序列地发生的事——你怎么称呼都可以——使我在前面的一章里论辩说，近代世界中生产者的联合，力量已经增加，挟带着一定数量的在早期阶段并不明显的危险和缺点。

所有这些的结果，遵循着一般的模式，这一点也与不同时期不同地点的其他膨胀效果一样。只要讲的是内部影响，全可归并为三大类（应该记住，此处的讨论都把外部意义的考虑留到以后再谈，除非它们含有约束条件或内部政策）。

首先是对收入结构的扭曲。有些个人和机构的货币收入，是根据契约获得的；这种收入即使可以调整，也是在很少见的时间进行，他们绝对的实际收入减少了，而与收入随价格变化的人比较，也是如此。这又产生两个进一步的后果。那些收入可变的人倾向于更机敏地去巩固和加强他们认为适宜的变化：他们对相互依存性更加敏感，更关心不要失掉起跑的时机。与此同时，那些凭所有权取得收入的人，会回避利息固定的投资；在此期间投到证券和房地产中去的资金比例会高出正常比例。反过来这又引起投机活动，使得整个结构在最终试图抑制膨胀过程时变得更加脆弱。

其次在生产组织内出现了影响深远的扭曲。开始时利润有所改善，而且前程似锦。但针对未来的准备却趋向于不足和贫乏。折旧额的提取仍然以货币价值不变的假设为基础。于是，或者出于外部的担心不信任，或者因为内部的幻想破灭，最后，用提高利率的办法来应付前途上货币购买力的下跌时，原来拨出的数额就不敷替换的需要；于是会出现清偿债务的困难。随着膨胀的继续，就会为了维持现有的经济活动水平,需要进一步的膨胀。当舆论板起面孔并反对引起这类趋势的政策时,破产和衰退就开始露脸了。

最后,公私士气一般趋于低沉。膨胀代表迅速获利的机会。赌场一样的氛围培育着漠视正常约束的态度——既然他能侥幸得逞,为什么我不可以?而那些掉在后面的人又有了一种不满情绪,它本身就会使社会约束力松弛。这又转过来在政党之间激起不顾信誉的竞争,都想利用人们迷惑又焦虑的不满情绪。对于任何一个对真正发生的事只有模糊的一知半解的人,政治舞台变得越来越不真实,而且显得越来越卑鄙。

> 赞美财神,钞票无休止地供应;
> 腐败轻了装,到处高翔、升腾。

18 世纪时波普就已经这样写了。对于 20 世纪的第三个四分之一,又是多么正确的写照啊!

第六节　价格和收入政策

面对着这一类的事态发展,各类政府都求助于直接对价格和收入动手术。对人口中不会因此而受影响的那些部分,这样的事有一定的初始吸引力:它带有感情色彩,散发着诸如不要愚蠢行为、强硬的政府、坚定的舵手以及诸如此类标语口号的味道;而在所谓的危机时期——危机通常由外汇困难引起——它甚至还会在一段时间内赢得更广泛的支持。但从长远来看,却不免于一些相当重要的缺点。

关于价格,正如前面已经强调过的,虽然在涉及自然的及人为的垄断时不会有反对价格管理的意见,但一般的价格控制——限价——却有害处。会因此而到处出现规避行为:行政管理部门,无论多么有效率,要想在质量说明、销售条件和新产品替代等方面赶上变化的步伐,都是个大难题。此外,正如所有经验都表明的那样,将价格限制在使供需相等的水平之下,即使不发生规避行为,也会在市场中的供求双方引起尖锐的困难。

对需求这方,它造成“商品短缺”,排队等候,特殊顾客享受任意的特权以及最后为了保证公正的分配实行配给制的需要。在供应这方,如果存在任何短期的弹性,就会倾向于出现减少替换的零件,要求特别的补贴,等等。于是,在牵涉到的是所谓的必需品时,为了不使需求方感到的短缺因为供应的减少而大大恶化,就只剩下由中央进行彻底控制一个办法。在这样做还成功时,价格膨胀的抑制对于劳资协商的气氛会有短期的效果。但到最后,就会在控制总开支的困难之上再添上未用完的余额的积累问题。

至于工资的控制,虽然对于阻止膨胀会有一定的短期效果,这我们要在以后讨论,作为长期政策肯定会有不利影响。与价格控制一样,它也刺激规避行为,凡是实行收入政策的地方,工作的重新分类和补助津贴方面的安排,几乎会成为经济活动中的主要内容。它广泛地使人产生不公平感。在开始实施冻结工资时,其成员自认为有例外理由的部门,肯定不会得到考虑,由此而产生的不满也不像会有以后的更灵活的管理来消除。它在雇主和雇员双方都引起反感。雇主不信任它,因为他们在连续的重组中运用巧妙安排的自由受到了损害,而这种自由却是有效管理的标志。工会对它也反感,它们觉得被剥夺了在集体谈判中的合法职能,还感到它给市场中涌现的相互关系强加了限制,不再能据以改善工人生活。迄今为止的所有经验都告诉我们,在自由社会内的这一类控制,不管它们在一开始时多么成功,总趋于支离破碎和最终的崩溃。

不过,这样的结论并不排除在一定的特殊紧急状态下利用这类措施。假如政府出于某种理由终于决定用控制总需求、减少货币供应量的增长率以及抑制公共开支的办法,去对付通货膨胀,在这样的政策前提下,如果在当时不再提出增加收入的要求,或即使提也少于其他情况下会有的,则这样的政策所不可避免地引起的暂时性失业,将会明显地减少。所以,适宜于使用收入政策——为了有点甜味,可能还伴有某种并不合理的价格控制——的理由,就在于它可能有一种安抚性的效果,可以对付因为停止金融膨胀而产生的困难。最根本的是,它是一种应急的而不是永久性的政策。但是,采用价格政策与收入政策的大多数政府常常利用它们去替代合适的金融措施,并且确实总倾向与重振旗鼓的膨胀结合在一起——这种膨胀总是喊着为自由、为日益增加的增长而冲刺以及诸如此类的空洞滥调——考虑到这样的事实,使用这些政策的理由,虽然在道理上相当有力,它的有效性仍然只是一种学院式的可能性。在一个自由社会里,认为整个系统的稳定性有可能依靠永久性的价格与收入政策来维持,以致整个忽略对总开支加以控制的思想,肯定只能是一种海市蜃楼式的向往。

第七节 重新制订的目标

那我们该怎样思考？关于整个系统的稳定，应有什么样的目标？想要尝试这些目标，又可采用什么方法？

必须牢记，我们在本章对系统稳定化一般原理的分析，是在该系统为封闭的前提下进行的；因国际经济关系而具有的复杂性被有意识地推迟到以后再论述。记住了这些，我们就可以对上面提出来的问题进行这样的概括，那就是把稳定看成是最迫切需要的，也就是说总开支应该与总产出的价值在一个合适地选择的价格水下上尽可能地一致，而且这样的概括也应该为各种凯恩斯的或新古典主义的思想派别所接受。

关于这一点确实可能有某些争论。我根本就没有考虑过如下的那一派想法，它们政策的主要目标是通过强制储蓄达到快速增长，一直认为通货膨胀不值得操心——如果除去通货膨胀，再没有其他办法可实现被认定为符合需要的增长率，则即使是拉丁美洲那样的情况也可以接受。与如此不负责任的态度确实没有什么好争辩的。正像我已经指出过的，我要探讨的情况，按照优化的标准应该是在价格随着生产率的增加而下跌时，收入固定不变；情况严峻些，也应该考虑与收入的相对变化——有些人下降，另一些上升——有关的内在条件。我也不应该排除如下的观点，即兼顾合适的相互依存关系之后，让价格水平稍有提高，譬如说每年1%，情况是否有可能缓解些。但是作为一种可以理解又不一定不现实的目标，我更偏爱已经提出的标准：总开支与价格固定的产出价值相当。

但如果采纳了这样的标准，就业政策方面又会出现什么呢？是否要无情地抛弃过去做过的许诺呢？完全不是这样。在刚才说过的内容里，丝毫也没有否定要努力防范因为积极的通货紧缩而导致失业的政策的意思。正相反，它与我们压倒性的标准，在收入随生产率增加的同时谋求高的就业水平，是完全和谐的。这种许诺，与无论发生什么都保证“充分就业”的许诺，是有差别的，但差别仅在于，在前者建议的公式中，并不保证如下的企图会成事实：想使收入的提高高于价格不变条件下生产的增加。如果有组织集团的政策包含了使开支的净增量超过价格不变条件下总生产的增加，使得就业只有靠通货膨胀来维持，则“充分就业”的诺言就不再有效。对有关的组织来说，这是一个或者修正它们的要求，或者采取行动减少可获得的就业量的问题。以这样的方式提出来的这个建议，似乎是冷酷无情的。但如果认识到，超越了标准的总要求不可避免地包含了通货膨胀，对于不愿意见到货币的购买力无限下跌的任何人来说，就不应该是不可接受的了。

但应该如何使它实现呢？在此必须不抱偏见地承认，仍有许多可争议之处。

对本书作者来说，似乎很清楚的是，如果不对货币和信用的供应加以注意，所有这一类的政策必定失败。从货币会关心它自己的观点流行时的那些年中获得的痛苦经验，似乎已给出了结论性的证据。此外，我还不同意拉德克利夫委员会的观点，它认为对利息结构施行手术是最佳的必要控制。在资本市场上存在着那么多的利率以及它们之间的难以捉摸的关系，以至在我看来更好得多的做法是直接对广义的货币供应开刀，而让因此而产生的利率变化自动地进行调整。

在这个范围内，我的观点与弗里德曼教授一致。我也支持他如下的观点，即我们对于货币与信用的短期操纵的可能性还知道得太少，所以作为一级近似，尝试一种让货币的供应或多或少常规性地逐年增长，增长率按生产能力的长期变化进行调节的政策，倒是值得探讨的。按我的理解，这并不是包治百病的仙丹，而是只比更难预见其后果的策略危害稍少而已。

到此为止，我都与弗里德曼教授一派的思想一致，而且假如称作“货币主义者”的是指持有如下信念的人——货币供应的控制是稳定化政策的一个根本性特征，那么，我也愿做一名货币主义者。不过，我不会在财政工具的所有运用上通过一条自我否定的法令。我会乐于同意，财政工具易于被滥用，而且在过去确实被滥用得很厉害。有一种信念，认为我们关于国民收入变化的信息已经十分精确，我们可以充分的信心利用财政工具在经济的精微调整上大胆尝试，这在我看来不过是持有这种信念者头脑简单的反映，而决不是成功的保证。假如真的要求助于财政政策，我更愿要的是某种自动行为，虽不一定与米德教授的与经济指标相联系的社会保障缴款完全一样，却也与他所预示的属于同一类型的自动行为，而不是那些未经专门合格训练、又总是听不进忠告的财政大臣们的无法预见的古怪行为。但我的立场也不是在应付稳定性方面任何偶然变故中，完全放弃财政政策。如果真的出现了由濒临极度膨胀的状态向更正常情况变化的进程，我也认为财政政策可以起重要的作用。

总之,我乐于强调,对总开支的控制并不是万应良药:它只是防止通货膨胀与紧缩的保证措施。确实并不难于理解,这种类型的政策会使结构性的缺陷公开化,而假如稍加放松反倒可能在一段时间内掩盖过去。譬如对某种需求弹性低的物品或劳务,这就是说,尽管价格上涨,消费者仍愿意付较多的钱换取他们认为必需的供应——例如某种形式的能源——假设对这样的物品或劳务存在着供应方面的有力垄断,而且假设这种垄断要求的报酬增加量与其他的相比高出相当多。在这样的情况下,如果总开支只随着一般生产能力的增加而上升,对其他事物的需求就会减少,结果因有关群体的收入过量增加而引起的任何失业,将会散落在各个地方:也就是说,这个负担将会落到没有提出过分要求的生产者头上。

正是在这样的事例中,由法令来控制报酬的要求才显得似乎是最有道理。我已经表明,当确实而普遍的通货膨胀正置于控制之下的那段时间里,存在着适宜于使用这一类暂时性措施的可能情况;随着这一类垄断实践趋于永久化程度的加深,这一类控制的理由也加强。但从长远看,这个解答并不高明。它包含了主观任意的判断;它含有政治;它倾向于扩散。从长远看,肯定要好得多的办法是选择前面一章里建议过的政策,那就是让这类生产者的联合服从与垄断及限制性措施有关的一般法律。当然有可能设想出这样的情况,其中的技术因素以及因此而必然会有的竞争缺乏,使得商品的供应落到一小撮经营者手中,使得整个社会对它都无能为力——例如一个核电站对广大地区进行排他性电力供应——在这样的情况下,签订含有法令内容的合同——法令可以严厉到军事命令的程度——就成为义不容辞的事。但这样的情况总比较罕见。正常的情形是货币的价值有合理的稳定程度,又需要有严厉性差许多但一般更可施行的管制条例,以防止破坏性垄断经营的出现。

到此为止,关于整个系统的稳定性所讲的全部内容,都抽走了国际关系的复杂性。我将在以后的一章里回到这个问题。至于目前,我必须进而考虑具有更普遍性质的其他问题。

第七章　福利和分配

第一节　贫穷与古典传统

我们的这一次研究，到目前为止，关心的主要是方法与运转问题。市场机制起着作用，而不论需求能力是如何分配的，它对来自随便什么方面的需求都做出反应。整个系统稳定性的条件——尽我们现在知识的可能，避免通货紧缩与通货膨胀——可能要求不同的措施，具体的要求则要根据储蓄与投资的变化中的部署而定；但一般而言，它们可应用于社会的不同发展阶段和收入的不同分配情况。现在则可转而讨论财富与贫困，分配与社会服务方面更具体的情况了。与以前一样，我们的出发点仍然是古典政治经济学在这方面的立场。

开始时有必要先澄清一个散布得很广泛的误解。常常有人——在普通的公众，他们是真诚的，在本应知道得更多的某几个经济学者，就不值得恭维——以为古典世界观漠视贫困问题，以为倒是需要由现代的改革家来提出这方面的规劝。一个有点名气的宣传员在一本打算向大众出售的书里宣称：古典经济学家"捍卫只能维持最低生计的工资"。而且，即使在不公开提出这类指控的场合，也总要断言存在着广泛的漠不关心。

事实上，在关于思想史的陈述中，再没有什么比这个更远离真实的了;散布这样的说法,只是对历史无知的标志。在更早期的文献中确实有大量例证,说明人们对贫困者的命运冷漠无情,甚至还为廉价劳动的合理性进行辩护。伯纳德·曼德维尔在《蜜蜂的寓言》一书“赈济学派”一章里的表现,就是在这方面持玩世不恭的恶劣态度的古典例子;而有关这一题目的标准历史,弗内斯的《民族主义体系内的劳工地位》,对所研究的几个世纪内即使不是普遍存在、也是广泛流行的这一类事,提供了丰富的例证。但若是把这种态度说成是古典经济学家的特性,那才是真正的张冠李戴。政治经济学最为关心的是它的代言人会称之为“改善”的东西;而这总意味着人们总的境况的改进。我在前面已经摘引过亚当·斯密关于政治经济学目标的定义:“为人民提供丰厚的收入或生活资料”。在他如下的著名论述中则说得更加明白:

> 佣仆、劳力与各种工匠构成了每个政治社会的大部分。决不能把改善这大部人境遇的事看成是整个社会的累赘。如果一个社会中的极大部分贫穷忧伤,这个社会决不会繁荣和欢乐。此外,为全体人民提供衣、食、住的人能以他们自己的部分劳力为自己谋求差强人意的衣、食、住,那并非别的,只是公平而已。①

我曾经在别处详细引述过马尔萨斯、李嘉图、詹姆斯·穆勒、麦克库洛赫和西尼尔等古典经济学家中的代表人物的类似观点;

① 参见《国富论》,第一卷。

在此重复这一过程自然是多余的。[1] 只要进行公正的评介，都可突出地见到，古典经济学家关心增长，尤其关心增长在改善大多数人境况方面的可能效果。很难相信那些否认这一点的人，他们之所以这样做，不是因为他们自觉或不自觉地不想承认这方面的事实：如果承认了，他们就再也没有机会装作义愤填膺地斥责在道德文章上都远胜自己的人了。但为了确定事情真相，就值得引述约翰·穆勒讲过的话，因为他公开宣称，他的目的是综合古典的体系并将之与社会哲学联系起来。他在“劳动阶级可能的未来”那著名的一章里写道：“在总产量达到某个数量之后，产量是否有绝对的增加，已不是一件重要的事，立法的及慈善的需要也全都不是关心的核心；**只有相对地增加共享它的人数，才可能有最大的重要性**。”[2]（着重号系罗宾斯所加）

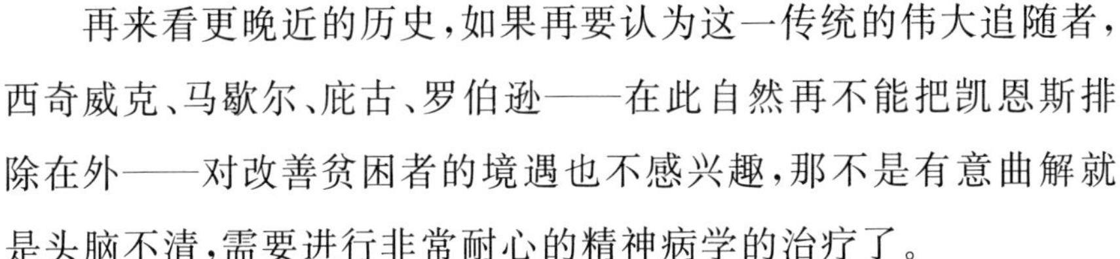

再来看更晚近的历史，如果再要认为这一传统的伟大追随者，西奇威克、马歇尔、庇古、罗伯逊——在此自然再不能把凯恩斯排除在外——对改善贫困者的境遇也不感兴趣，那不是有意曲解就是头脑不清，需要进行非常耐心的精神病学的治疗了。

第二节　增长与贫困

古典传统的基本态度是，生活标准的普遍提高必须来自人均产量的增加。我们还将见到，这种观点并不排除由转让来提高某

① 参见拙著《英国古典政治经济学中的经济政策理论》，第三章。

② 《政治经济学原理》，第758页。

些生活标准;也不排除由这样的工具提高生产率的可能性。但在当时,也和现在一样,数量方面的前景是清楚的:若借助于重新分配,人均收入提高的程度有它的极限,远低于想象得出的平均产量的增加;而毫无疑问的是,古典作者们的希望,虽不是唯一的,却也是主要的希望,正寄托在平均产量的增加这个方向上。

如果我们回想起,他们一般地认可由市场力量指导的分工所取得的结果,就马上会想起这一点。亚当·斯密对分工所致的值得回忆的颂辞,并不是因为分工使欧洲的王公富了起来,"而是因为它使得'勤劳节俭的农夫的住宅'超过了非洲君主的宫殿"。[1]但如果我们回忆起他们对与增长和工资有关的一些事情的专门论述,还会看得更清楚些。对此我们将在发明、积累和人口控制三个标题下讨论。

发明

毫无疑问,有相当一部分希望的基础,是与人均生产率有关的知识的增长。亚当·斯密在《国富论》中的著名论述,突出了分工的一个主要的优点,"大量机器的发明,方便并节省了劳力,而且使一个人可以做许多人的工作"。相信发明的力量,认为它一般地讲可以造福于人类,具体地说有利于工人阶级,这是贯穿于古典思想的主要传统。奈特、威廉·埃利斯的宣传性作品,还有处于另一层面的哈里特·马蒂诺的故事,全都直接反映了古典学派中主要人

① 参见《国富论》,第一卷。

物的主张与信念。[①]

李嘉图则是个明显的例外。众所周知，他在这个问题上想法有过变化，而且以特有的坦率承认这个转变。在他的《政治经济学及赋税原理》(第3版)论述机器的著名一章里，[②]他讲到“自从把注意力转到政治经济学的问题后”，他曾有过如下的见解，“将机器这样地应用到任何生产分支，虽然具有节约劳力的效果，它在对大家都有好处的同时又伴有如下的不方便，这种不方便总在资本与劳力从一种运用转移到另一种的大多数情况下发生”。他认为地主与资本家固然会获利，“劳动阶级也‘将’成为同样的得益者，因为在使用机器后他们用相等的货币工资可购买较多的商品”；而且他原以为“也不会降低工资，因为资本家拥有雇用与以前同等数量劳力的能力和需要”。而现在他才认识到这个想法错了，认识到“劳工阶级持有的意见，认为使用机器常常损害他们的利益，并非出于偏见和错误，而是与政治经济学的正确原理一致的”。

引进机器会造成劳力需求方面的变动，而这种变动实际上就是降低均衡的工资水平，了解到这样的一种关系，在李嘉图当时最忠诚的仰慕者麦卡洛的心中，引起了巨大的惊恐。他写道：“如果您的论述……确有根据，针对捣毁机器的卢德派的法律，就成为法令全书的耻辱。”[③]事实上，根据我们现在的了解，李嘉图分析的

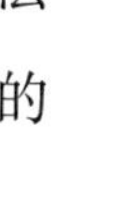

① 查尔斯·奈特：《机器的后果》(1830年)；威廉·埃利斯：《社会经济学纲要》(1860年)；哈里特·马蒂诺：《政治经济学实例》(1856年)，第九卷。

② 参见《大卫·李嘉图全集》，斯拉法编，第一卷。

③ 《大卫·李嘉图全集》，斯拉法编，第八卷，第384—385页。

情况并不经常发生。正如穆勒后来争辩的，[①]也如约翰·希克斯爵士近时论证的，[②]这类情况最可能发生于首次引进机器的原始条件。但是，无论如何，这是一种表面而非实在的让步，骨子里仍然是发明会产生有利效果的古典立场。因为正像李嘉图本人接下来论辩的，即使发生了逆向效果，从根本上讲也是短期的，因为地主和资本家阶级收入增加的本身，也增加了对劳力的需求。他说："这种逐年性质的储蓄必定会很快地创造出一种比总收益中的损失大得多的基金，而这种损失的根源是机器的发现；到那时，对劳力的需求会与以前一样大，人们的境况却会因储蓄的增加而进一步改善，而储蓄金则来自增加了的净收益。"[③]

所以可以充满信心地断言，无论纯粹的分配份额理论揭示了什么样的可能性，李嘉图在机器以及它对劳力需求之影响问题上改变观点，并不曾严重损害古典的信念；机器的发明对人均产量的增长是有益的，而且随之也具有减少贫困的潜在意义。当然，近年来这一信念还因为经验和理论发展两方面的原因而得到增强，虽然这二者都不是古典权威们所直接期待的。在考虑过工业国家里实际工资增加的情况之后，就很难再争辩说，在发明的总效果里含有不利于劳工利益的成分。由于在现时维系住投资的动机，已成

---

① 《政治经济学原理》(多伦多版)，第 97 页。

② J. R. 希克斯：《资本与时间》(牛津大学出版社，1973 年)，第 97—99 页。在威克塞尔的《政治经济学讲演集》里，对李嘉图的见解，也进行了有趣的讨论，见该书(1934 年)第一卷，第 133—144 页。麦卡洛在其《原理》以后的几版中讨论这一问题时的谴责之词，参见奥布赖恩教授的杰出著作，《F. R. 麦卡洛：对古典经济学的一次研究》(伦敦，艾伦与昂温出版社，1970 年)。

③ 《大卫·李嘉图全集》，斯拉法编，第一卷，第 396 页。

为防止因储蓄而产生的通货紧缩趋势的主要保证，就更有理由相信这方面的常识。

积累

至于积累，虽然正如前面见到的那样，像马尔萨斯及其追随者这样的人争论说积累有可能过头，主要的古典传统总相信积累的效益。按照古典的观点，积累特别提供了亚当·斯密所说的“专用于维持劳工的基金”——从目的与意图上讲也就是约翰·穆勒所说的工资基金。我们无须在此讨论，在静态的条件下，这种基金有多大程度的灵活性。在此要强调的是如下的意义，相关于劳动人口数量的这些基金的数额越大，雇主间的竞争越激烈，工资水平也越高。这一学派的大多数成员全都强烈地推荐储蓄节约，相当一部分理由就在于此。于是，在他们改善普通老百姓生活的愿望中，增加积累就成为主要的组成部分。

人口控制

最后一个成分自然是人口控制——想在人数及人均收入之间建立起联系的愿望，最终自会影响到增加的比率。如果总的工资水平一方面依靠“专用于维持劳工的基金”，另一方面又依赖于劳动力的规模，则只要控制住了人数，增加积累就会使工资上升。正是这样的信念鼓舞了李嘉图的著名愿望：“一切国家里的劳动阶级都喜爱舒适与欢乐，所以就应该利用一切合法的激励手段去获得它们。”[①]

---

① 参见《大卫·李嘉图全集》，第一卷，第 100 页。

正是这个信念使边沁及其追随者，尤其突出的是弗朗西斯·普莱斯成为英国节育运动的先驱，并且鼓舞詹姆斯·穆勒宣称，适当地限制人口数，可以把劳工的条件提高到“舒适与欢乐的任何可能希冀的状态”。[①]

从现代的观点看来，用不到我多说，这样的宣告是过甚其词的。与古典的作者们相比，我们关于人口不足与人口过剩的可能性，也就是增加有活力的工人人数会伴有的人均收入增加的条件，要认识得更清楚些。也不难设想如下情况，技术知识及积累财富的某些状态，会使人口优化时的人均收入水平并不一定符合理想。此外，还必须承认，人口问题上的整个优化思想还悬而未决；我也不知道有什么可使这一概念精确化的途径。[②]

不过，我们也许都同意，这种意义下的人口过剩，不仅可以想象，而且还是在不同的时代和地方存在过，或者在现时也存在着。我本人相信，即使在西方世界国家里，如果工薪阶级能将他们的人数限制于或多或少固定不变的条件，就算是从狭义的经济观点看，他们也会获益良多，更不必提更广泛的舒适考虑了。而且我也完全肯定，如果许多所谓的不发达国家不能实现这样的限制，我们势将面临前所未有的人口灾难。

第三节　古典传统与不平等

不会有人怀疑，古典传统的核心将改进的主要希望——生活

① 詹姆斯·穆勒：《政治经济学基础》，第 3 版(1844 年)第 67 页。

② 拙著《经济发展的理论》，第 41—43 页，对某些困难做了扼要的讨论。

标准的普遍提高——寄托在生产能力的增长上。同样无可置疑的是，从历史上看，这是对的。虽然以济贫的方式做了许多事，而且利用阶级之间的转让，某些劳务也已相当普遍，但这些并未从根本上改变基本的关系：对社会上较贫穷阶级境况的改善，起主要影响的一直是人均产量的增加，而这又是已经讨论过的积极因素克服消极因素的结果，也就是说发明和积累的作用超过了人口不恰当增加的逆效果。

不过，这并不是说古典传统对分配方面的事情漠不关心。有时有人说，它对平等化趋势不感兴趣，也不正确。确实，假设有了法律和秩序的框架——这个框架自然含有法律面前人人平等的强烈信念——它就相信私有财产和市场是组织实施的力量；而且，正如我们即将说明的，虽然在自由市场的运行中存在着重要的平等化倾向，却并没有什么理由可以假定，这种力量的最终产品——收入和财产的分配——会处于一种平等的状态。这也正是古典传统相信经济自由体制有优越的效率，并且对于允诺在各方面都有持续平等的体系表示怀疑的理由——我在下文讨论集体主义的政治经济学时，还要就此做进一步的阐述。同样确实的是，它对如下的政策持否定态度：剩余价值的分配虽然更加平等，却减少人均产量。反对的理由是，从根本上说，减轻绝对贫困本身就比消除不平等更为重要。但如果认为在其他条件相同时，它不关心分配问题，甚至对平等化倾向持敌对态度，那就不真实了。必须记住，这个学派的成员是广义的功利主义者；所以在其他条件相同时，这种观点会赞成较少不平等的情况，也是无可争辩的事。边沁写道："建立平等的制度，是空中楼

阁；能够办到的只不过是减少不平等。”[1]我想，那些在今天仍然热爱自由主义理想的人，也会说同样的话。

但为什么应该这样呢？采取措施，减少收入或财富中的不平等现象，有什么言之成理的理由呢？

肯定不能认为，它们根据的是什么通过普遍的拉平过程，人均收入会有广泛增加的前景，这样的所谓信念。轻信不正确的消息，易于假设这样的措施具有巨大的潜力。但事实却并非如此。所有严肃的统计资料都表明，即使假设这样做不至于减少激励因素和生产，即使是对比较富有的国家进行绝对平均主义的重新分配，人均收入也只有比较不明显的提高。从这个观点可知，不平等现象创造了一种幻觉，多少有点类似于考虑不周时产生的把高山犁平后会有的印象；其实在大多情况下净效果不过是把平均高度从海平面抬高几英寸。尽管本世纪采取过许多重新分配的措施，但西方世界中较贫困阶级收入的提高，却主要是因为生产率的增加，比这个更加肯定的事，还真的不多。

我们还可以进一步消除在一切方面都是强加的经济平等具有固定优点的信念。机会均等——让才能开辟前程（la carriere ouverte aux talent）——确实是一个符合需要的目标，一直是自由主义者最关心的事。但是经由这样的平等取得平等的结果——这肯定是另一回事。这样的主张是一回事：除去家庭不能废除之外，可以采取一切办法，保证每个人都有接受各种职业训练、从事各种职业的同等的方便条件；但那样的主张却完全是另一回事：不管一个

① 《边沁全集》，约翰·鲍林编（1843年），第一卷，第311页。

人如何利用这样的机会，得到的报酬将是相等的。这倒像是18世纪的人称之为实行祷告的行业，或许可以用“奉献纵不同、赐福却共享”或“慈航普渡”的格言来加以描述。这样的做法，即使说得温和点，也至少是并不总能行得通。但对极大部分领域来说，这样一张处方只能得到无效能的结果，而且使得机会均等原则的整个基础都变得毫无意义。赢得的奖品完全一样的机会均等，岂不成了让整个世界都进行渡渡鸟竞赛——为全都归于绝灭而竞赛！

有这样一种说法，我本人对此也深表赞同，假如一个人已为他的家庭和本人赢得了合理优裕的生活条件，对本职感兴趣的明智的人，就不该再为别人享有更优越的报酬而烦恼。某些获奖的拳击手和风靡一时的歌星的收入，或许要比大多数大学教授高出五十倍以上的事实，并不值得后一类人牺牲五分钟睡眠时间去分心——虽然有时似乎确实令人烦心。但假如确实存在着以更大努力追求优越收入的憧憬和需要，对之横加干预发布禁令，就不是自由社会应该做的。健全的社会不能在妒忌的基础上繁荣；而当代社会的政治中或明或暗地存在的那么多妒忌行为的事实，也正是使人怀疑除去接受极权主义暴君它是否能长存下去的理由之一。

不过，让政策中含有更多平等成分，也有使人赞成的理由。这可从三方面阐述。

首先是共同负担原则。国家开支必定会占用个人的部分收入；虽然税收总不免有复杂的目的而且含有多重目标，通常都同意，在施加这类负担时，某种程度的累进制是公正的。这样的累进制并不根据边沁式“给人以幸福的计算”，它的精确性多少有点虚有其表，而且本身就要以约定俗成为基础；所谓收入的社会边际效用递减是个完全无法证明的假设，人们想根据它找到递减比率制订方案，在这方面浪费的时间和心思，远多于政治经济学中大多数其他推测。税收中某些累进制的坚实基础，其实只是常识性的想法：同样一英镑的损失，对大多数穷人意义重大而在富人则不算什么。

使人赞成平均化倾向的第二个设想是独立自主的中心越多越好。在保证个人自由的因素中，很少有比资本财富的储备更有效的；而政治和经济活动二者全都得益于具有这种地位的人的广泛散布。相信各种形式私有财产的有益潜力的人，也应该相信弗朗西斯·培根的名言："金钱与粪肥一样，除非撒开就没有好处。"[①]

赞成措施内含有更多平等成分的第三个理由是救助各种形式的贫困，补助家庭口粮以满足一定的需要都确实是吸引人的。这是一些涉及许多方面许多问题的事，我们将在稍后阶段中深入讨论。现时只要注意到一点，此处的拉平过程与有差别的共同负担，即我们为平均化倾向辩护的第一个理由，正构成同一事物的两个侧面。

本章的其余部分，先要讨论市场在这方面的作用，其次讨论对收入与资本征税的影响。援助与赈济的各种形式问题，则是下一章的题目。

---

① 参见《培根论文集》，托马斯·惠特利编（1855年），"论煽动与困难"，第144页。

第四节　价格与收入的固定

我要在一开始就不加掩饰地指出，在古今自由主义政治经济学的计划中，从来也不打算利用竞争性市场的直接干预来缓解不平等。将价格压到均衡点以下，会造成短缺。把工资定在市场结算点以上，结果是失业或通货膨胀。

当然，每种情况都有例外。在处于包围之中时，自由主义的经济学家也会建议限制物价，同时伴以计口配给和供应的独裁控制。而在所谓的公用事业和国有化企、事业的广大领域里，由于企业的性质，显然也存在着某种形式的价格管理政策——当然越灵活越好。但是，只要商品和劳务的供应条件是正常的，一切经验都表明，如果限价不只是口头上说说而真想管住市场的话，结果总是焦头烂额。除非需求的弹性为零，否则限价马上引起过剩的需求及供应量下降的趋势。后一种趋势是否立即显示的程度与商品的性质有关。易腐败商品的库存几乎马上就无法补足，现有库存量超过年产量的耐用商品，要较长时间才会受影响。20 世纪的两次战争时期，在推行限价政策时，几乎马上就必须进行专门的控制，以维持必要的食物供应。限制房租的措施，开始时对住宅供应的影响并不大；但是在一切实施房租管制的国家，延续 50 年之久的“住房短缺”及不良分配，充分说明了这类政策的最终效果。

这类价格管理的目的，显然是减少社会中较贫穷成员的钱袋支出，但毫无例外地得到一个相反的客观结果。这里是方法不对。举例说，将肉价限制在清算市场的水平之下，不仅使需求方面更加复杂,而且为了使供应量适宜还包含了某种津贴。由此得到的结果是,一切付得起较高价格的人与那些无力付高价的人同样得益。这自然是公共资财的浪费。对收入在一定水平以下的人给予现金津贴,可以达到同样的济贫结果,代价却要小许多。这样的政策到底是好是坏,还需要进一步研究。但应该清楚,与连境况良好的人也一起给予补助相比,还存在着许多便宜得多的方法。

至于工资,总的假设是类似的。有可能设想出这样的劳动市场,其中贫困且无知识的工人面临雇主的无情联合,在这样的情况下进行干预防止剥削,是完全正当的。但不加区别地规定最低固定工资却是利不抵弊。对于该区域中的一般工人来说,即使这一政策只是规定平均工资,而且它与市场上供需力量会自动达成的水平一致。这样的政策仍然易于把能力稍低以及确实逊常的工人排除在受雇用行列之外。很少有人会怀疑,这样的干预已经在世界各地使有色劳动力的就业受到不利的影响;而且也易于想象,这样做方便了不利于妇女的差别待遇。对那些技能和力量都低于常人的劳动者,除去使雇用他们的雇主无利可图之外,肯定还有许多帮助他们的更好办法。

第五节　作为均等者的市场

不过,拒绝直接干预竞争性的市场,并不等于拒绝有均等倾向的政策;在这方面,至少值得部分地强调,古典传统之所以重视竞争的效益,所根据的事实也正是这种均等化影响。只要有竞争的可能,例外性的超常所得就可能是暂时性的;劳力与资金的流动性，确实倾向于消灭这种不平等。古典的经济学家，尤其是早期的那些经济学家所面对的事态中，各种垄断地位都受到法律或行政性习惯法的支持，他们的许多论辩都旨在消除它们。他们之所以反对这种滥用，不仅是为了生产效率方面的利益，而且也因为从他们的观点考虑，垄断享有了不公正的特权。

同样的世界观也一直在鼓舞近年来的反垄断及反限制性措施的立法。不仅是因为垄断会使资源的配置不够理想，没有优化生产所支持的资源配置好；而且也因为这样的地位及措施剥夺了有能力而且想运用这种能力的人的机会，引向否则的话就不会存在的不平等。我们全都知道反对巨型公司误用其垄断权力的理由；它有时不过是卫道者的陈词滥调，有时却真的入木三分。同样应该反对但不经常提到的是只准雇用工会会员或为某些职业提出不必要的合格条件的做法，这种做法限制了可能的应征者进入有关的劳动市场。无可争辩的是，它们一直是——而且仍然是——许多不平等和不公正的渊薮。在评价古典作者及其追随者赞成竞争性市场的偏好——假如可以使用偏好这个词的话——时，肯定不应该忽略掉这种操作的均等化的方面。

第六节　税收与不平等

不过，古典的传统并不满足于让竞争性力量自发地消除不平等。它讨论并且主张旨在这一目的的进一步的政策，或者通过税制，或者通过使机会均等的积极措施。这两大类中的第一类即税收工具，将是本章余下部分的内容；第二类则构成财富与救济的更一般性讨论的组成部分。

所得税

我们的研究就从所得税的政策开始。

在这个问题上令人感兴趣的是比例税制与累进税制之争。比例税制虽对较多的收入征收了绝对量大的税负，并未触动不平等；累进税制则根据累进的程度，改变了不平等状况。

在此问题上古典传统显得含混不清。亚当·斯密的准则，即所谓税负应与纳税能力成比例的准则，对两种税制全都适用，这要看你如何理解成比例一词。如果是与货币量成比例，那就是比例税制，如果是与收入增加后边际效用递降的约定有关，那就是累进税制。收入的边际效用递减原理，只要讲的是个人，在内省的基础上有可能经得起检验，但人们常常比内省和观察走得更远，含有在不同的个人之间比较其满足能力的意思。除去上述准则之外，从《国富论》里还可找到能做两种解释的几个段落。准则本身似乎含有与货币值成比例的意思。但在别处讨论房租时，亚当·斯密又明确地说出如下的话："有钱人对公共开支做出的贡献，不仅应该成比例，而且应该多于这个比例的主张，也不是没有道理的。"①

与此成鲜明对照的是约翰·穆勒，他坚决反对累进制，尽管我们即将见到他反对资本之不平等的态度确实非常激进。他赞成对一个最低的生计水平免税——这种豁免，从数学上讲包含了对其

① 参见《国富论》，第二卷。在第二卷中他还赞成对豪华车辆也征收较高捐税。

余的人征收一定程度的累进税。但除此之外他又认为：

> 对较大的收入按较高的百分比征税，是对勤劳与节俭征税，对于比邻居干得更刻苦、日子过得更节约的人来说，是一种惩罚。公正而明智的立法机构，不会让人萌生宁可把钱花费掉而不是把诚实经营的收入积攒起来的动机。立法在竞争者之间的不偏不倚表现为努力使所有的人起跑时公正，而不是让跑得快的人背上沉重的负担，以消除他们与缓慢爬行者之间的距离。（着重号系罗宾斯所加）[①]

我必须承认，在穆勒的论辩中有许多比我的同时代人更具说服力的东西。很清楚，上面这段话既可用来说明比例所得税的合理性，也可用来说明对总开支收税的合理性——虽然，因为他对前者建议了一个免税的极限，而且对勤劳所得和不劳所得建议了不同的税率，我怀疑穆勒本人是否准备按后者的方式使用所引述的意见。但是与他的具有权威意义的其他“异端”意见结合，即与他的普通的所得税对储蓄征了两次税的意见相结合，就成为支持销售税之类税收主张，甚至我个人也因下述的理由而赞成这一类的税收：与同样税率的直接税相比，积累的积极性受破坏的程度要小些。反对这种观点的议论也是大家所熟知的：它不能区分不动产收入与货币收入，含有不合理性。但据我们的观察，它仍然可能真的含有更多的激励性。

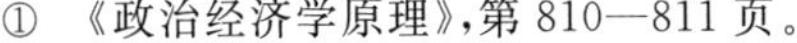

① 《政治经济学原理》，第810—811页。

不过，在这样说过之后，必须马上说明，我一点也不反对在直接税里有一定的累进——理由并不是个人之间徒有精确外表的效用比较，而只是已经引述过的亚当·斯密的常识性的阐述："有钱人对公共开支做出的贡献，不仅应该成比例，而且应该多于这个比例的主张，也不是没有道理的。"但我又要急于指出，这一点极易做得过分。我们一直听到许多说法，指出所得税的抑制效应缺乏根据；我也同意在此极可能有一片不肯定的区域。我们也听到大量的意见，说最佳的工作都是在非金钱的动机下完成的——我也承认创造性的艺术家，伟大的社会改革家，许多令人敬重的神职人员都不是首先受到现金激励的支配。除去完全的白痴，谁也不会对此有不同的看法：如果经济学家不过是把常识性的知识宣扬为真知灼见，他们的日子真的太舒服了。问题在于日常生活中金钱动机确实在起重要作用：如果我们清醒地记住——而这正是（本应该知道得更多的）各色人等易于忘却的——在此更有关系的不是平均的而是边际的税率，再要认为高税率不起威慑作用，就真的难以置信了。我假定，全都会同意，除去超凡脱俗的人之外，对极大多数的普通人，百分之百的边际税率足以在工作或储蓄的安排上产生逆向的效果。那么为什么还假设英国目前实际施行的税率不会起同样的作用呢？是不是真的想假定，税收对激励作用的抑制、打击、影响，在达到99.9％之前一直都不存在，然后又突然之间成为完全有抑制性的了呢？

所以，在这方面我的结论是，直接税中温和的累进制可用来马上提高收入和减少不平等，但假如走得过远，就会产生负的结果。在我看来，在现时极大多数社会所处的环境内，用这样的方法减少不平等，又伴随着让生产的增加受到多少不等的实质性挫伤，实在是一桩得不偿失的交易。无须多说，这当然是个价值判断问题。

对资本征税

在进而讨论资本财富的分配时，可能性就有所不同。

我以为对下面的意见已无须再申辩反对的理由：或者是像圣经前5卷中所说的那样每7年1次，或是按其他的间隔，在平均主义的基础上进行周期性的重新分配。它所造成的混乱会无法容忍，而对积累的效果则适得其反。但问题还远不止于此。

可以从边沁的名言开始：只有在“死神降临的那一刻”，影响分配的操作才最方便，而且对鼓励积累动机的影响也最小。[①] 在这点上可以想象得出两种替代性原则：一是针对整个产业，一是针对划分开的那部分——英国过去的实践分别称为“遗产税”(estate duties)和“遗赠税"(legacy duties)。

累进遗产税无疑会影响到分配。尽管广泛存在着生前赠予这样的规避行为——随着税率更带惩罚性，这种行为自然也在增多——这样的税制确实从大产业取走了巨额财产；它们也收到了减少不平等的效果。但如果就像目前实际在做的那样，征得的税金全用于眼前的开支，它们会比任何其他增收方法更倾向于减少积累。

按照我的判断，遗赠税原则要更好些。它累进征收的是**接收到的总数而不是针对拨出这个总数的整个财产**。这就会鼓励立遗

① 边沁：《边沁全集》，第一卷，第312页。

嘱人将遗产分散，以减少从财产中征收去的部分。虽然在现有税率下国家取得的总数将要少些，但财产的分配将更加广泛：从自由主义政治经济学的观点看来，这本身就是一个符合需要的目标。或许我还应该添上一点，这样的原则并没有什么行政上无法实施的困难；多年来对遗赠征税已是英国税制的一个部分。但这种税制却被遗产税所盖过，最终还被废除了——这种废除，在我看来是错误的，废除的原因，我看部分地是根据社会主义理论，另一部分是贪图行政管理的简化。

约翰·穆勒提出来的更为激进的建议，没有什么价值。他建议应该规定一个每个人接受礼物或遗产数额的上限。我本人不希望走得这么远。它显然包含了行政管理上的巨大复杂性而且等于是鼓励人们从事欺骗性规避行为。根据同样的理由，我也不赞成对活人之间的馈赠征税。虽然我承认按这个方式延伸这一类死亡税的原则，存在着某些相反的逻辑。我反对征收馈赠税，还有更普遍的理由，它可以鼓励老年人向青年人转让。这是一种我更赞赏的状态，要比莎士比亚说过的状态好得多：“耗费了一个年轻人收入的郎寡妇。”但在所有这些问题上，我决不是一个顽固不化的人。问题的关键是，我坚持用税收去**分散**财产的所有权，而不是去**摧毁**财产所有权。

第八章　福利和分配(续)

第一节　分配与公共开支:原则

到此为止,我对福利和分配的讨论,主要关心的有两方面,一是人均产量的增长,我把它看成是减少贫困的主要希望,另一个是不平等现象的缓解,靠的是竞争与税收制度的作用。但这不是问题的终结。大家可能都明白,税收进益的运用对于一般福利情况的确定,必定起重要作用。这种福利包括增加均等机会,提供济贫和无差别受益。其中包括的主要原则就是本章的内容。

在讨论所引起的问题时,我们将会遇到目的意图的冲突以及方法的冲突——例如缓解家庭的贫穷,受人欢迎;而促进人口的无差别的增加,遭人厌恶。大多数这样的情况,最好与专门的问题联系起来论述。但存在着一个源自古典自由主义的根基,具有压倒性意义的原则,值得在开头时加以讨论,那就是在实际可行的范围内扩大选择的自由度并且限制家长制作风。这即使在援助与救济问题上也符合需要。

将这个问题的核心讲得最透彻的,莫过于约翰·穆勒,在著名的一章"劳动阶级的可能未来"①的开头几节中,他对被称为从属

① 《政治经济学原理》,第738—762页。

和保护的理论以及自力更生的理论，进行了对比。穆勒在那里讨论了一般的家长制态度——“人们假定上层社会有责任为‘穷人’思考，要为他们的命运负起责任，就好像司令员与军官要为军队中士兵的命运负责一样”。但他的指控要比书中上下文里所说的意义更为广泛。假如广义的古典自由主义以普遍提高人民生活条件为己任，则济贫的支配性目标就应该是尽可能巩固他们的独立性，并为他们创造出同样的积极主动精神与责任心，就好像中产阶级的改革家让自己主动肩负的那样，例如在食物、住房、医疗条件的选择及家庭教育的提供等方面，都能如此。显然，想将这个原则绝对严格地应用于原始部落或身心方面都处于堕落状态的人身上——这些类别的人在今天仍然有许多——那是愚蠢的。但在西方文明世界，目前大多数人的平均收入已接近于50年前所说的手艺人及下中等阶级的水平，似乎没有充分的理由再以家长制的态度对待他们，因为他们在维多利亚女王时代已相当于“长者”的身份。然而，一如即将见到的，出于与现在的议论完全无关的理由，济贫政策奉行的宗旨竟完全是另一回事。

所以，如果我们接受这个立场，只要涉及的是缓解贫穷与困苦的措施，这里就有一种主张，赞成用现金而不是实物来救济，用可以自由使用的现金而非指定专项用途的现金来救济，即使是在即将讨论的、适宜于有更大专门性的情况，仍然有一种方案，赞成让当事人拥有比环境允许的更多的选择自由。

第二节　教育——基础性的

我们对这一部分问题的反省将从考察一般称为“基础教育”的

主要问题开始,这种教育使所有儿童都能接受教育一直到一定的离校年龄。

虽然常常遭到明显的误解,但应该知道,古典的经济学家其实是主张由国家干预以保证社会中大多数人获得最低程度教育的先驱人物。他们的理由,一部分是为了生产效率,一部分是为了履行公民的义务。亚当·斯密关于分工优点的论述固然是著名的,但他还解释说,除非用一定程度的普及教育来抵消,分工也有缺点,那就是会使人民大众的知识面狭窄而且丧失尚武精神。他认为由国家提供这种补偿是个恰当的功能。不过,这一立场还部分地基于对儿童权利的更为根本性的认识。西尼尔其人,虽然由于编造社会历史的人的杜撰,常被看成是反动的恶魔,他在《关于普及教育的建议》中就有力地提出:"设法让儿童受教育也与关心儿童有饭吃一样,都是社会的责任"以及"除非社会能够而且愿意强制父母给孩子饭吃,否则社会就必须自己来做。"[①]

强制父母提出他们的孩子受过教育的证据,这种要求的合法性,在今天已无须进行讨论了;但在古典经济学家生活的时代,却仍然是个争论的话题。现在也毋庸争辩,什么地方缺乏这样做的条件,那个地方就应该设法提供相应的手段。这也是由古典经济学家提出来的。

然而这并没有解决如何提供的问题。从英国的实际情况看,答案是公立学校加上对专门的教会学校的某种程度的津贴。开始

① 见拙著《经济发展的理论》,第75—82页,其间有引文及对此问题的较充分的论述。

是在初等学校，然后，在涉及中等教育时，国家办了学校，其中的服务或者全部免费，或者是有高额津贴的收费。所以父母保证其子女接受教育的义务，一直与向接受教育者提供实物性服务连在一起。

但很清楚，这并不是唯一的供应方式，而且如果采纳约翰·穆勒的观点的话，还可采用不同的方法。“如果政府下决心要求每个儿童都受到良好的教育，”他在论文《论自由》中写道：“它完全可以免去提供一种教育的麻烦。它可以让父母按照他们爱好的地点与方式去获得教育，政府则帮助较贫穷阶级的儿童们付学费，或为根本无力支付的人家负担全部上学费用。”接着他还论辩说：

> 普遍的国家教育不过是一种令全体人民如出一辙的设计，而用来浇铸每个人的模子则根据政府中最有权势者的好恶……它虽然效率高，但也以同样的比例建立起对思想的专制，就像大脑统领全身的自然倾向一样。假如要创建由国家控制的教育，它也只应是许多相互竞争的教育实验中的一个。维持它的目的是作为范例和激励，使其他的教育方案保持在一定的优异标准之上。

在考虑过从那时以来发生过的情况之后，这样的一种方案，虽然明显地不在今天的可能性范围之内，却也不是内在不可能的。这个方案无疑体现了“顾客要自己当心”的规则，需要伴随形式为周期性检查的暂停，以避免出现孩子爱怎样就怎样的放任式学校的可能性。但这个方案肯定与有教养的父母仍在要求的父母自主选择的自由相协调。

我说“仍在要求”。不过这一点或许需要加以说明。因为在我们的时代已经出现了一股强劲的思潮,它受到平等幻想的拨弄,要求废除学校教育中的一切独立自主的机会,强制所有儿童都进当地的同样学校,这种学校的教育内容不是根据家长的选择,而是根据由多数人选举出来的地方政府中负责人的爱好。

无论对自由主义一词进行何种思想——区别于政治——意义上的解释,上述的思潮也毫无疑问是背道而驰的;而我认为双倍不幸的是,这一思潮又与综合性中级中学的思想联合在一起,而这种思想已经把那么多的理想主义以及那么多的当代教育英才吸引到它的旗帜之下。假设,正像我已经说过的,由国家提供的教育系统,必须看成是当前这些日子以及今后相当长时期内的既成事实,则我个人更欢迎如下的办学思想,它像所谓的“公学”[①]一样,向各种类型的儿童开放。在只有11岁或12岁的稚嫩年龄,就对儿童的才能分类,就像流行的中等学校划分为理科与文科那样,在我看来,从教育学讲是荒谬,而从社会意义说则是可憎;我也希望当代的发展将会像它们中某些似乎已经取得成功的学校那样成功。至于将各式各样的办学样式减少为只有一种,所有的学生都必须在其中受教育的思想,则像是在实现穆勒最担心的那件事。而且,虽然主张这种做法的人会竭力否认,它同时也在危险地接近我们在当代极权主义国家的学校教育中见到的情况。只要沿着平均主义的方向再跨出一步,就可以达到柏拉图在《理想国》里所推荐的令

① 美国读者需要明白,此处的“公”学意思是私立学校。

人发指的系统：在那里，为了消除来自不相等的父母影响造成的不平等，婴儿全由国家接管。

所以就要希望已经受到这些倾向蛊惑的、怀有善良愿望的人们，再去看看穆勒的著作。对他的真诚和理想主义，绝少会有人怀疑。同时也希望大家再研究一下，当代的这些秘方是否真的有利于向着一个良好社会的进步。

第三节　进修——进一步教育

因为完全的平等只有在废除家庭之后才能达到，向社会成员提供均等机会的问题，不如说成是使不平等减至极小的问题。但无论何种提法，用公共基金提供极小量最基础教育的做法却并未使这个问题消失。许多形式的领导才能及技能都要求有进一步的教育；而经验和统计分析都表明，在有关的年龄组内有能力从这样的教育中得益的人，都占相当比例。但，并不是拥有这种能力的人都有开发它的财力——确实可以断定，办不到的比例也很大。所以他们的机会就不如拥有足够财力的少数人。也因此，如果真的奉行让才能开辟前程的政策，就会得出结论说，应该从公共财源中取出适宜的一部分来资助人们接受各种形式高等和进一步的教育。我可以顺便说明一下，提出这种建议的根据不仅仅是分配的公正，也因为它有利于生产效率。这样的教育，对那些可以从中得益的人，可认为本身就是好事；但若要认为在这种培训的普及程度以及经济增长率之间存在着什么非常明显的相关关系，却肯定是错误的。不过，有一点仍然是真实的，即一般而言，忽略潜在的生产力会因为高等教育和进一步教育而得到开发,是非常不明智的。

不过,若是回过来再考虑分配问题,从机会均等的观点看,显然应该贷款给具有接受能力的人。但从公正分配的观点看,如果这样的贷款可获得优异的收入,那就应该偿还。如果做不到这一点,由于资助性贷款来自一般税收,就有理由认为这样的税收倾向于制造不平等——用牺牲才能普通的人,或至少部分是如此,去资助才能优异的人——让不那么聪慧的人去津贴聪明人。

这样的分析,在我看来似乎是无可反驳的。它之所以没有成为制订政策的基础,主要是因为用简单的贷款筹措高等教育的资金本身有严重的缺点。向人力进行投资显然是想象得出的合情合理的筹措资金的方式,但这样的投资风险很大。教育做出的允诺,可能未曾实现,或者最终选择的职业或生活方式的金钱收益无偿还能力。所以父母及可能的告贷人有可能把承担这样的责任视为畏途——他们会认为这样的做法有可能降低家庭的收入。而且对年轻妇女来说,有可能为筹备结婚嫁妆而负债的前景,更是一个沉重的思想负担。虽然,从社会的角度看,有潜在高智力的未来母亲与同类型的未来父亲接受同样的教育,肯定是很重要的。但是正如普雷斯特教授建议过的,[1]如果贷款不是采取无条件偿还的形式,而是采取只有在借贷者的财务状况达到一定水平,使偿债不成为沉重负担时才偿还的形式,就不会发生那样的困难;而回收贷款的工作也不过是国内税收业务的简单延伸而已。确实有这样的情况,即一个人达到这样的收入水平,事实上并不是因为接受了高等

① A. R. 普雷斯特,《大学教育的资金筹措》(经济事务研究所,1966 年)。

教育。但通常都认为，偿付优势机会的固有特权的能力，就是公正的根据。在英国，近时流行的要求是非偿还性的资助和费用的赠予，所以这样的议论并不普遍。但随着教育更加普及，财政上负担更加沉重，我敢打赌这种措施的紧急性终将被普遍地认识到。

不过，仍然存在着这种类型的援助应该采取何种合格性原则的问题。

有时认为这类援助的提供可用称作人力计划的政策作基础。对所考虑时期内各种规格及技能方面的“需要”，做出详细的评估；根据这些估计数决定有关社会内参加进一步教育的人数与结构。这个计划将主宰各院校、各系科的招生人数和开设的课程。在苏联试行的就是这一类东西；在自由世界也有人在做出这类估计的技术及结构上花了许多心思，它们对于相信“有序”社会的头脑简单的信徒，自然具有强烈的号召力。

当然不容否认，只要需求数量及机构多少是由政府政策决定——譬如说学校的数目以及班级的大小——就有可能计算所需教师的数目；而且这样做也很有道理。确实，除非一个人对这方面政府政策的兴衰变化敬若神明，否则还真会因为这样的事过去做得那么少而奇怪。但若是相信这样的计算是各种可能中的典型，或是认为，它与自由社会的原理相容，那就成了幻想，而这种幻想，还是以驱除掉为好。

所以假如认为，除去教育和军事这几类可以由内外政策决定的服务之外，特殊种类技术服务的“需要”也全可轻易地预测，那就大大地错了。消费者的需求本身，固然受到许多无法预见的起伏变化的支配，即使将它撇开不说，技术也在变化，而随着技术变化，对不同种类服务的“需要”也跟着变化。即使俄国人也承认,电子工业的发展打乱了人力计划的预测。此外,即使技术保持不变,各种人力与设备的组合对是否采用极为敏感,它们又必须取决于相对的价格;而在一个自由的体制内,相对价格不仅决定于需求,而且也决定于提供这类服务的人数。只有在这样的人数事先已经规定好,而且当局还把有关的报酬固定的条件下,才可忽略这个因素。

所以,在情况变化无常而对征聘的人数缺乏完全控制的背景下,人力计划越详细,训练项目越专门,与碰巧正确的可能性相比,失误的可能性似乎也越大。分类时每一类包括的内容越宽广,培养的对象越是多才多艺,对需求与供应方面无法预见之变化的应付能力也越大。用科学与技术宽广的原理进行进一步的教育,至少坚持到培训高级专家称职条件的最后阶段,这样的做法更适宜于满足社会的“需要”,相形之下,在狭窄的允许入学人数范围内进行精细的专门化教育,则要差得多。

但若果真如此,那就意味着摒弃详细的人力计划政策,采纳另一种政策;根据对能力及受益意愿的一般测验,为高等和进一步教育的各个部门招收人员——这是自由主义的而不是极权主义的原则。无须说明,这样做并不是漠视申请高等教育者在意愿上可能有的各种倾向,他们有的要求接受高等教育中某种训练,或要求在某种就业领域、以各种就职收入谋取职位。但这个政策确有如下的意思:按某种方式具备了最低应试能力的未来学生,根据政策认为适宜于提供的某些非正式的指导,可以做出最终的选择,而让满足这些标准的人有可能各得其所,则正是这一政策最关心的事。

第四节　贫穷与困苦

下面讨论贫穷困苦的赈济。详细的分析包括大量非常复杂的问题：法律的、行政管理的和经济的；这方面政策的历史，又自成一个题目。在此只可能在最广泛的几个方面讨论其原则。

在一开始，我们可以明确地认清采取这类措施的一般理由。可能还有这样的人，他们争辩说，在这方面并不存在社会的义务：个人应该在一切可能的意外中，为供养本人及家庭负责，而且所有的救济活动，都应该留给自发的私人慈善事业去做。但可以公开地说，这只是少数人的观点。尽管由政府或政府机构执行慈善性救济的职能，肯定会带来各种缺乏轻易解决办法的问题，但在西方社会里，可以怀疑是否真的会有许多人反对。就业机会会萎缩，个人还会遭遇意外和疾病的厄运，老人和儿童会成为其他人疏忽的牺牲品，等等；而在这样的意外中，私人慈善业极有可能不足以扭转局面，从而就产生了不能将所有的救济活动都留给慷慨和热心人的需要。

古典经济学家在这方面的态度一直被人严重误解和歪曲。马尔萨斯和李嘉图，怀有人口危险性增加的先入之见，又受到古老的贫困法通过各种在当时流行的政策后果的震动，他们确实坚决主张逐步停止一切这样的救济。但是由19世纪30年代早期《报告》的作者西尼尔奠基，且被同时代大多数经济学家接受的立场，却是另一个样子。根据他的《致霍威克勋爵的信》，政府在救济方面的任何行动计划必须接受的大检验，是这样的问题：**这样的救济是否倾向于增加被救济的人数？**这一点非常重要；它明确表示了古典主义的总态度所根据的原则。他说:“就那些穷人来说,要使救济的供应适合对它的需求;对于富人,要使救济的负担平等地按比例分摊……这些都是重要目的,而且只要这样做不至于在事实上损害勤劳、远见和恻隐心,政府就有办好它们的不可推卸的责任。”①

所以,他完全赞成对盲人、精神错乱、慢性病患者及残疾人提供救济。

> 用公共基金救济这些灾难,决不会产生损害勤劳与节俭的倾向。由个人对这些情况提供足够的救济,负担过重,而事实上由个人提供的救济也太少。这种救济具有的恒久性,也会消磨掉私人的同情心。而这些人中境况最坏的疯人,又或许是我们愿意给予适宜同情心最少的灾难。即使是对受过教育的人,神经错乱的人也极易于成为厌恶的对象。所以我希望由一种充分的、强制性的救济来对付这些灾难。

根据同样的理由,他赞成提供公共的内科治疗,赞成建立、调整和支持高热医院、医务室和诊疗所。他也同样相信,由国家供养孤儿是有理由的。但他反对给予老龄人以专门的供养。②

这些都是影响深远的积极建议,而且完全可以认为它们也预先包含了这方面的更为近代的思想。西尼尔的立场与我们当代立场之间的重大差异,是在对体格健全者及其眷属的救济。在此,不

① 纳索·西尼尔:《致霍威克勋爵的信》,第14页。
② 按西尼尔的观点,老年人属于救济一般贫穷的范畴。

是取消这种救济的问题，古典的立场坚持著名的较小合适性原理(Principle of Less Eligibility)，这个原理是说，给予救济的数量必须加以限制，使被救济者的境况不如在业者及其眷属。这里有两个理由。首先，如果援助成为无条件的权利，而且没有一个上限，那就会鼓励无节制的婚姻；其次，它对接受救济人的性格及积极主动精神会有据说是不好的影响。古典的立场还觉得贫民示范区法(Laws of Settlement)妨碍了劳动力的流动，并使失业成为永久性的，这种法律是目前流行的把救济地区化而不是成为全国性系统的一个组成部分，如果不是这样的法律，上述的缺点就不会发生。

到此为止，一切都正常。在今天，自由社会里已经没有人捍卫贫民示范区法了——救济无论如何要在国家的疆界之内考虑。至于较少合适性原理，虽然在它应用范围的想法上可能已有变化，但对它所根据的逻辑，以及在许多方面遵照它施行的符合需要，都不会有人否认。假如一个人通过救济所得接近甚至超过劳动所得，则工作的热情就可能被削弱。确实，如果在接受救济时还带有某种责难，上述的倾向会有某种程度的抵消。但人们仍然设想：救济的数量越是接近工作的报酬，抑制生产积极性的危险就越大。关于体格健全者及其眷属的古典办法的麻烦，并不在于这个原则，而在于救济采用了让人进贫民习艺所的形式。

确实，贫民习艺所是贫穷法委员业务的产物，它在许多重要方面都与西尼尔及与他有关的人的建议不同；[1]在那个地方，体格健

① 这方面的详细内容，宜参阅马里恩·鲍利教授在《纳索·西尼尔和古典经济学》(伦敦，艾伦与昂温出版社，1937年)一书第2部分第二章中的有力分析。

壮的人与老人和儿童混杂在一起，这种情况与他们原来的设想，正好相反。但贫民习艺所的救济本身也该受到严厉的批评。贫民习艺所这个给予救济的环境，几乎不可避免地使申请救济的人和整个世界都蒙上社会污秽的阴影。它是实物性救济，意味着接受救济的人没有审慎地处置现金的能力。它是只有离家住进一个机构才能获得的救济。必须相信，古老的贫穷法的实实在在的弊病，在于判断贫民习艺所的做法时无视较少合适性原理，与原先的情况形成过分强烈的反动。体格健壮的人只有接受这些条件，否则和他们的眷属一起都得不到救济。而在习艺所的人中间，很可能包括流浪汉以及被无差别的公众援助败坏了道德的人。但也可能包括愿意工作，只是因为经济的变化和起伏，才被摒弃在工作之外，或是因为缺少合适的积蓄在重新就业之前暂时不能度日的人。对提出 1834 年原则的人提出批评，说他们往往忽略了低收入人的困难，即难以在事先积累起足够的钱以应付可能遭遇之不幸是合乎情理的。所以从那时以来，救济会沿着另外的不那么严格的方向发展，就不足为奇了。现在英国的社会保险机构连同它的养老金、对病人和失业者的食品供应以及补助性津贴，肯定都会使古典时期的思想家们惊讶万分。他们可能赞成大多数的目的和意图，但又极有可能至少对某些方法持怀疑态度。

无论这一点是或不是，很清楚的是，当前的安排以及它们包含的规则，从总的原则看来，都不免有可批评的地方。在我们正加以考察的一般原则层面，可以在这方面提出两个广泛的问题，一个是强制性保险，另一个是家庭经济情况调查。

在保险问题上，自由主义的观点并不反对某种形式的强制。

不会有人对如下的强制性保险是否合乎需要提出疑问:车祸保险要顾及投保人的受益者,工业事故保险要包括雇用的员工;由于事故、疾病和失业都极易于成为别人的负担,强制人们为这些意外作些准备,至少不能认为冒犯了自由。自然也存在着某些持反对意见的议论,不过,只要存在着没有其他保障的眷属,这些议论的说服力也随之削弱。可以这样主张,对一个单身汉,应该让他自己去选择是否要去冒贫病的风险。正像按照文明的标准他可以选择是否自杀:主张强制的根据是因为他的选择包括了对别人确实会存在的损害。我虽然承认,在这些情况中,存在着合理的意见差异的可能性,但并不认为,强加这种性质的义务,就严重侵犯了自由原则。

当这种强制,就像常常会发生的那样,延伸为来自雇主的捐款,名义上称作"保险基金"而实际上极少按严格的保险原则管理,并且马上又肯定地包含有来自雇佣税及国家总税收的津贴时,就必然引起更多的争论。在此,有相当一部分争论涉及两个方面:捐款的来龙去脉以及用税收来补助的程度。反对这种形式的社会保险,并不是反对强制性保险本身,但反对者肯定会像讨论其他形式的保险那样争论说,应该让个人做出他自己的安排。他们还进一步争辩说,这样的安排,财务的来源来自高收入集团向低收入集团转让者少,而来自征税者多,而征税负担最终又落在受保险的主要集团头上。所以这样的安排就包含了对所有收入的扣除,而这样的款项如让有关的人自己去安排有可能更好。因此人们认为,当社会达到了以往年代中产阶级的生活水平,在接受一般强制原则的条件下,完全可以让社会去做中、高档收入集团中的人一直期待着为他们自己做的那种安排。

只要涉及真正的保险，自然要进行家庭经济情况调查。只要涉及纯粹的救济，或涉及用纳税人的钱进行保险津贴，则确认是否真正需要的议论就非常有说服力。譬如说，一个富有的人，为什么仅仅因为是个公民，就应该在老年或患病的情况下得到国家的津贴呢？假如这是可以普遍获得的救济金，岂不成了程度完全不必要的税收了吗？假如在对某些意外给予最低限额的食物供应以及对总税收交税的强制条件下，只有证明为无力支付的公民才能获得津贴，这样的规定与我们个人自由的思想，是否更加一致？然而过去一直在实施的家庭经济情况调查有明显的缺点。它包含令人不满的专门调查，所以就不免引起欺骗。而假如一旦赚得额外收入，一直可以得到的救济就自动消失，对劳动和储蓄的积极性也成为打击。如果年逾退休的人继续工作就停付国家的年金，更成为特别明显的反常现象。

近年来有人建议，如果用负的所得税或所谓的“税收贷款”，代替当代整个救济与安全保护中笨拙的规定，上面讲的困难(以及许多其他的)都会自动消失。国家可以规定一个与较少合适性的总原则一致的最低数，凡收入低于这一数额的人无须缴纳所得税，反而可按收入与最低数额的差距得到差额补偿。现行的收益安排会在生活资料低于标准，已具备接受救济的合格条件时，指明这一情况；而在合格程度的计算中，又可按各种规定的负担和可能的意外，给予适宜的补助。一整套行政管理与监督机构都会成为不必要的；而且会出现一种机制，自动地缓解贫困，既与受益者的自尊一致，而且也不依赖私人的善意。

第五节　救济与人口问题

在救济问题的所有解决办法中，都存在着一个难题，它虽不是不可避免的，却仍然具有足够的重要性，值得单独提出来讨论：我指的是救济措施对人口增长的可能影响。

从根本上讲，这是救济的提供是否有可能反而增加了本想缓解的困难的问题。虽然因果关系很复杂，很难相信在自动供应儿童食物和家庭的规模之间不存在某种关系；而既然认识到了当代人口爆炸对人类幸福已形成了紧迫的威胁，再要漠视这种可能性，就肯定不是明智的。这一类的恐惧，无疑也在一定程度上影响了一般经济问题方面的古典态度。

我在这一问题上故意使用了“可能性”这个词。在给儿童提供食物，或者是用减免税收的方式，或者是用现金补助，与家庭规模之间，显然不能说存在着必然的影响。确实也有过一个时期，在讨论家庭津贴之初，有人争辩说不存在这种需要担心的影响。在不服从节育戒律的社会中，一旦达到了收入的某个水平，肯定可以振振有词地认为，多生孩子后每个儿童的额外现金补贴可能被其他影响所抵消。确实可以设想，倾向于使人口毁坏性下降的其他影响因素，需要增加现金津贴才能抵消。但在世界上仍然有许多地方不是这样——在那里人口增加的影响超过了发明与积累的最佳努力，所以在那里减轻因为大家庭造成的对资源的压力，才是最符合需要的。人口统计学常犯错误，但很难相信，在这样的地区内，有任何信号表明马尔萨斯所说的恶魔正被降伏。

那么要做什么呢？当代的人口爆炸,对人类的未来,是仅次于核战争可能性的主要威胁。然而因为不计后果的繁殖而使惩罚落到儿童头上,又不符合人道原则。最终需要的是改变对大家庭的态度:这是防止大家庭的最广泛可用的方法,而对反对使用这些方法的那些说教,则要揭露它们违反了最基本的道德原则。对于亿万个计数不能超过十的人,最迫切需要的是某种至少与酒精或烟草具有同样吸引力的口服避孕药。但与此同时,对过高出生率威胁最大的那些地区,我承认,我对下述情况怀有深深的忧虑:给予家庭的现金救济超过了足够维持固定人口的数额。超出这一点,我更赞成的是实物救济或只有有限可兑性的票据救济——无论如何也要坚持到现在的人口统计趋势根本改变为止。

第六节　无差别受益

最后,无论提供福利的观点为何,都不能忽视无差别受益——公园、道路、恰当的布局规划、城市航空线的管制、污染防治等——的供应活动,它们通常都是国家采取行动的结果。在我论述的较早阶段,我已经强调过这种活动的重要性。在此只需要指出,无论在估计福利手段的分配时使用的是何种有效的技术,全都必须把无差别受益的提供看成是减少不平等的一种倾向。

第九章　集体主义制度

第一节　导言：用语问题

我在前面几章里加以展开的观点，与古典政治经济学的各种经济政策理论相比，并不是在一切方面都相同。但我希望它们与这一系统的精神并无根本的不协调，因为我把这一系统看成是对我所信奉的自由的社会哲学的重要贡献。

在这些原理的传播阶段，人们似乎怀抱一种希望：它们的影响最终会成为普遍的，而且虽然世界不同地区的历史传统存在不可避免的差异，人们仍希望这些原理会被采纳为进一步发展的背景。在某种程度上，这个期望已经实现。在许多地方，自由经济体制的大部分——虽然还不是全部——精神实际上都已经流行；而在有些地区也可以认为它已在居民生活水平的前所未有的进步中起了作用，而这种进步又正是最近两个世纪的特征。但这样的支配地位并不是普遍的。在世界上有大片地区，经济的自由主义已经被极权的共产主义所取代；而在许多别的地方，它的基础原理也正遭受攻击。如果我们不想自欺欺人的话，那就必须承认，当代许多关于未来社会组织的思想，都会将自己描述为倾向于集体主义，而一点也不是倾向于传统意义的自由主义。所以很值得稍用一点时间考察这种态度和它的含义。

在某种程度上，二者的对立只是语义的而非实质性的。正像我已经强调过的，在古典自由主义的概念里，把大量必须描述为集体主义的组织也算进它的世界观。诸如维持法律和秩序的机构，道路、港口、供水、排污等所谓的基本建设，任何想通过供应劳务获取利润的个人或个人的小团体，都不会对之产生兴趣；所有这些劳务，用亚当·斯密的古典词汇来说，都可肯定地描述为集体主义。如果宣扬古典传统政策理论的作者们，选择了个人主义这个词来描述整个系统，那就只能怪他们自己，因为人们会指出，有相当一部分他们马上就会接纳进自己经济结构中去的东西，根本上具有集体主义的意义。

由现代国家提供的对收入进行分配的许多基础，也完全可以应用多少有些类似的说法。虽然我已在前面最后两章中指出过，诸如免费上学这类以实物形式提供的救济与援助无论如何有一部分完全可以用现金形式提供，从而可有更多的个人选择自由——这自然是个人主义；但无可否认的是，为这类服务提供基金的是征收税金的政府机构，关于维持法律与秩序以及进行基本建设的机构，也可以说同样的话，它们全可描述为集体主义的。于是，如果想在同对手的辩论中赢得信任或论辩上的好处，一个个人主义者可以在这方面说他是集体主义者。而一个集体主义者，如果想为其他种类的集体主义组织赢得支持，也可以凭借这类服务普遍都被承认为符合需要，从而论证一般的集体主义也是好的。韦伯这伙人就是这么干的。

但所有这些都是文字之争。正如我们已经见到的，我们所讨论的这一类服务和福利，正是古典经济学家们或多或少地要求提供的；而且，虽然在这些范围内关于政策和条例的具体形式，有许多可争议的余地，但并非集体主义与非集体主义之间的争论。那个争论基本上涉及的是如下范围内的事情：在那个范围内，自发的积极性及关系，在一组适宜的法律下有可能发生而且事实上一直以某种方式存在着，而且在有史以来的大部分时间内在绝大多数领域内或多或少地存在着。(争论的焦点是在这样的范围内)并非不可划分的生产工具、能被个人或个人的团体运用的生产工具，应该归集体所有、由集体管理呢，还是应该把它们的所有权分散到私人或公司的手中，并由不屈从于人的意志的市场力量来指导他们的整个或大部分活动？一般经济活动，必须由中央规划并接受中央指令的指导呢，还是必须成为一个分散经营的个人积极性的系统，并由消费者和投资者的需求充当最终的控制者？这才是集体主义制度与经济自由体制的根本问题；我在本章要集中论述的也正是这个问题。

第二节　部分集体主义

我们可以从所谓的混合经济中的集体主义因素开始我们的讨论。

读者可能还记得，当我讲到自由经济中的垄断时曾指出，只要生产的技术条件含有垄断，诸如铺设油管或建造交通干线含有强制的购买权，就至少有一个条例管制问题——所谓的公用事业问题。解决的办法，或者是授予专门的特许权，或者是彻底的公有和控制。如果采用后者，则在其他方面全是私人企业的汪洋大海中就明显地出现了一个或一系列的集体主义岛屿。当人们出于意识形态的理由，将完全可以在一定程度的竞争中存在下去的工业集团收归国有时，也会出现同样的现象——例如英国的钢铁工业。

现在，任何头脑清醒的人都不会否认，这样的混合系统有存在的可能——它们确实存在于其他方面是自由企业天下的相当可观的领域之中——也不会认为它们一定是不稳定的。有时国有化景象似乎会激励人们扩大国有化的范围；有时则相反。根据即将说明的理由，我本人倾向于主张这样的事越少越好。但我并不想与下述的人有什么纠葛，他们会因为譬如说邮电业国有化后的好或坏，就去预言世界的末日将是什么景象。

不过，按照我的判断，这种形式的组织有缺点，而且会随着它的流行更广泛地显示出来。

首先，如果它们既归中央所有，又由中央管理，它们就会呆板且难以适应变化。如果事事都会遭到国会质询，那么除去最微不足道的决定之外，事无巨细都要写下书面理由。这样，即使有最佳的总经理才能，也发挥不出最好的职能。

这样的缺点，温和的集体主义者已经认识很久。他们采用的解决办法是创办公用董事会（public board）——例如煤炭董事会、铁路董事会等；而且形成了一种惯例，董事会如何指导业务的细节，不再是国会质询的对象。这就在细节方面有了某些自由。但在负责执行的总经理与主管的政府部门之间为一般的政策问题进行协商的时候，出奇的时间浪费现象并未消除。与此同时，它也使大众的控制更加困难。如果事情有了麻烦，如果做出了任意的决策，与官僚机构泾渭分明的普通公民，想要施加任何影响都极其困难。这就好像是您鉴于他们对国家的忠诚，封赏了封建的贵族领地，而且大政方针的权力仍在您的手中，但在较此为小的问题上，您对他们的控制权就远远不如对只授予有限特许权的公司，因为只要原来的租借条款遭到侵犯，特许权就可撤销。

但除去这个之外，还有更为严重的缺点。国有化的产业几乎不可避免地与政治搅在一起；产业扩充或紧缩的步伐——属于大政方针——更易受政治决策的影响，而不是对市场的压力做出反应。这类企业的价格政策也易于被政治性的考虑所左右。此外，而且意义更为重大，它们是国家财产的事实使它们摆脱了市场对无效率组织的终极控制：它们不会破产。这意味着追求正常效率的积极性受到挫伤，而——更为严重的是——对于强制地提出的增加工资的要求，不存在上限。如果是普通的私营企业，面对超出某个限度的工资要求，它总可以在会议桌上告诉对方，它会被迫关门。但从公用董事会头目口中说出来的这种话，就没有那么大的说服力；人们总是假设，纳税人会付账；而且正如已经见到的，国有化企业关门的做法，对整个系统的稳定构成了威胁。

因为这些理由，就像我在前一章里说过的，凡是从技术上讲垄断是不可避免的场合，我倾向于选择的方案是让有关公司受法令管制，而不是彻底的集体所有制。每种方案都各有其困难。但我想经验已经证明，后者的困难较诸前者的更加令人生畏。

第三节　完全集体主义：古典的态度

现在来谈完全的集体主义，这是共产主义意识形态的神圣向往,也是在苏联及一切铁幕国家里实际流行的制度。在这个制度下,生产、分配和交换的手段全归政府所有,而且受政府权威的指导。

毫无疑问,古典经济学家中的主体会完全彻底地拒绝所有这样的制度。文献资料并没有有关的系统讨论。但他们附带讲到的话,却足以表明他们将它看成是对生产效率及对个人自由二者的祸害,对此我已在较早的一本书[①]中详细讨论过。这样的制度与他们从理性和道德上讲都可接受的、从事经济活动的组织的概念,完全相反。

例外的是约翰·穆勒的立场,他有时被人认为是集体主义态度的支持者。在《自传》中他也确实讲到,他和妻子正变得越来越愿意将自己描述为社会主义者。同样真实的是,在他的《政治经济学原理》第3版中,他对某些社会主义建设的讨论,改变了过去几版中曾有过的反社会主义的解释,含有许多乍看之下会以为支持真正集体主义立场的说法。

但这样的看法经不起严正的审查。关于穆勒在这方面态度的任何讨论,都必须把《论自由》中的命题看成是关键性的,因为他本人就将之看成是他的所有著作中最有价值,而且可能是最经得住时间考验的;在该文中我们可清楚地读到:

> 如果公路、铁路、银行、保险公司、大股份公司、大学以及公共慈善事业,全都成了政府的分支机构,如果除此之外,地

① 《英国古典政治经济学中的经济政策理论》,第四章。

> 方政府的公司、地方的理事会也成为中央行政机构的部门，如果所有这些不同企、事业的雇员全都由政府任命并支付工资，而且要依仗政府来提高生活水平，则所有的新闻自由、公众立法机构的自由所能给予这个国家和其他国家的也只能是名义上的自由。[①]

还能有比这样的表态更直截了当的吗？

事实上，若是对穆勒的立场进行过细的考察，特别是对“劳动阶级的可能未来”那一章进行考察——这件事我已在别处做过了[②]——就会发现他的那个“社会主义”大都是由涉及工人合作社之未来希望组成的，其中还包含了一种请求，对傅立叶建议的那种试验的可能性给予同情的考虑——傅立叶的主张决然对立于完全的集体主义，他曾以强硬的词句谴责过完全集体主义的支持者，第一国际。从总体上说，以后进行的试验并没有给予穆勒的希望以多少支持：工人合作社的成就十分有限。[③] 但有一件事却十分肯定，穆勒从来也没有支持过完全的集体主义，而且会厌恶它目前的表现。

第四节　完全集体主义：分配与激励

由于古典系统里缺乏对这件事的系统讨论，我们只能从更为

① 《论自由》，第 168—169 页。

② 《英国古典政治经济学中的经济政策理论》，第五章。

③ 对于在以色列见到的集体农庄，我深受鼓舞而且印象深刻。但我认为存在着特殊的理由，因而不能将它们看成是典型的。

现代的理论思考和实践经验的观点，进行这个题目的考察。可以在三个标题下进行：分配与激励、生产与配置以及一般的政治含义。

先从激励和分配开始。集体主义的一条理由是它消灭了不平等；而且必须无保留地承认，假如禁绝了生产资料的私有制，来自这一根源的收入与财富——不是说权力——的不平等就因此而不存在了。但一涉及工作的收入，不平等可能性的大门仍然是敞开的。据我所知，马克思主义为最终的公正世界描绘的景象——各尽所能，按需分配——还从来不曾在共产主义的国家里试行过；如何确定这个广义的“需”所含有的明显的困难，也说明它们不可能进行这样的尝试——与这个概括化的公式相比，累进所得税以及为明确定义的需要施行救济的所谓资本主义社会的制度，在这方面更值得信任些。但成年工人之间的平等可以以行政管理的手段做到，却是显而易见的；而且在俄国革命的早期阶段，似乎实际上试行过。

不幸的是（或者说幸运的是），这样的制度实践起来有很大的困难。在完全停顿的状态中，它肯定会消灭掉在许多行业中工作的积极性。自然，正像前面已经说过的那样，金钱收入对艺术家、某些学术界人士及政治改革家，只是第二位的。如果你正处于伟大科学发现的边缘，或多少人的命运将因之而改变的某项社会革新即将实现之际，现金激励可以是微不足道的因素。但是却不能说世界上的日常工作也是这样的；假如无论是否艰苦工作都没有什么差别时，那么总起来平均而言，完成的工作量就要少些。更有甚者，在情况有变化时，如果工作活动的报酬没有差异，对劳力的需求正在增加的部门以及正在下降的部门之间的人员调节，就不会自动进行而必须依靠强制性的指令。

所有这些都不是什么反动想象力的虚构。苏联的经验可以证实这个论述。全世界都知道，那个地区也已发现，必须重新引进工资差异以激励劳动；而我个人的印象则是：如果把扣除税收后的净得与实物——小汽车、乡间别墅等——收益都算进去，在那个国家里来自工作的收入不平等程度，与其他地方流行的相比，肯定没有什么触目的区别——而这还是很小心的说法。

第五节　完全集体主义：生产与资源配置

所有这些都是相对地没有争议的。穆勒曾竭力想在马克思称为“新耶路撒冷第十二版”的那本书中寻找可能性，好让非金钱激励发挥作用，但即使是他也不得不承认，人类的觉悟要先达到一个新的水平，才会出现这样的可能性。正像我前面说过的，当阿尔弗雷德·马歇尔强调指出，为建造稳定社会的基础，重要的不是*最高尚*的动机而是普通而最强烈的动机时，他的正确性实在是颠扑不破的。

是否有可能让集体主义生产的规划按照普遍承认的社会迫切需要来进行，是个争论得更多的问题——这也是在资本及生产性服务都没有市场的体制内，生产性服务的配置问题。

讲起来很奇怪的是，这个问题直到 20 世纪才引起认真的注意。从穆勒在一篇评论中顺便提到的话，[①]可以了解他不曾正视

---

① 穆勒：《经济与社会论文集》，第 439—457 页。

困难的性质；至于说马克思主义文献对此问题的了解——由于马克思本人不赞成对未来情况多所猜测，这种了解即使有也不会多——它假设劳动成本会提供适宜的规划依据——这样的假设，除去忽视了劳动技能上的差异，还回避了整个资本问题及稀缺的自然资源问题。[1] 直到 20 世纪 20 年代早期，才引起了广泛的注意，那是通过奥地利经济学家米塞斯论述社会主义的名著《公共经济》引起的。他果敢地断言，在各种服务以及其他生产手段都没有市场的地方，经济计算是难以办到的，也因此，在这样的情况下，根据计算的理性的生产是不可能的。

可以想象，这个观点引起了许多争论。像奥斯卡·兰格这位相当负责的社会主义思想家，也承认问题所涉及的事实，对此他有他自己的解答，并且半认真半开玩笑地说过，未来的社会主义国家应该因为冯·米塞斯让人注意到了这一点而给他建立一座纪念馆。但问题的不可解决性却被否定了，而且提出了各种解答方案。它们大致可以归入两类。一类是在此以前被人忽略的帕累托和巴伦尼的模型（这种模型似乎正巧是专门用来表明这种问题的巨大的实际困难的）。另一类则提议，让享受到自主权的单位，就像存在着实在的竞争那样，进行市场模拟，而且因为这些方案的某些作者，特别是兰格和勒纳，都是一些能力很强又说得娓娓动听的人，所以就造成了一种印象：已经证明冯·米塞斯的命题是没有根据的。

① 于是，在纯粹的劳动成本规划中，一棵需要一百年才能长成的橡树，在计算上就与只要一半时间即可长成的针叶类树相当，只要二者需要的种植和采伐时间相等；一台装有钢轴承的机器也会看成与装有钻石轴承的相当，只要劳动成本相同。

自然，“不可能”是个刚性的词汇；我丝毫也不怀疑，米塞斯之所以站不住脚，关键就在这个词上。他确实是在讲到他所说的理性的生产时使用这个词的。而所谓理性的生产，是要求生产像不肯定世界中一切活动的性质所许可的那样，对消费者及投资者的需要，做出尽可能接近的反应。但就算如此，将这个词使用于集体主义制度的世界，就难免令人起疑；那里，这个制度正辛辛苦苦地生产大量物资，且就*某种*目的而言都有*某种*用途，不管它是否与米塞斯的合理性理想一致，总也是“理性”的。悲剧的根源在于，冯·米塞斯立场中包含的内容要比通常假定的多得多。

我认为问题的要害如下。在一场大战中，毫无疑问可以设想，而且实际上也可能，一个由中央作计划的经济，它的产出具有某种合乎理性的意义。目的意图十分单纯：打赢这场战争。所以根本性的问题是为国内消费生产出维系非军事人口的士气与健康所必要的、最小数量的食品、衣物等生活资料——其数量在一定程度上可以*技术地*估计——并把其余的生产潜力都留给战争。无疑的是，即使在此也存在因为物资与劳力的短缺而产生的深刻困难；使得若是在某些方面让市场与价格去调节，反而会更好些。但目的的性质及形势的紧迫性，已经使得单靠价格机制打一场大战的思想变得荒唐可笑。

在独裁体制下也存在类似的可能性，在那里，手握大权的人把某些*技术地定义*的作业作为主要的政策目标，并且或多或少地准备让其余的都束之高阁。发布建造钢铁厂和军火工业的命令，在劳力招募及材料供应上给予绝对的优先考虑，执行这样的计划，显然不是不可能的。我并不认为，把这样的做法描述为不可能，会有什么好的结果。它们显然是已经存在了的。

困难的产生，冯·米塞斯分析的真正意义的显示，都发生在下述情况：当目标范围放宽，不再是技术地规定的数量问题，而是运用资源以便在这种或那种意义上使生产出来的边际利润不同的各种物品，照顾到种类繁多的需求并且在数量上与需求相等。此时，若是缺乏市场机制给生产性服务规定价格，又不按照获利率的大小指导资源的使用方向，似乎可肯定会引起混乱。但若是按需要组织一个具有如此灵活性的系统，以便在这样的背景中产生效率，似乎需要有很大程度的分散经营和独立的积极主动性，以致像是要冲破中央计划的概念。勒纳的思想，即全都是按竞争规律办事的分散经营单位的思想，只能在下述条件下才能实现：单位的管理者有权选择生产什么产品和多少数量，有权决定流通资本再投资于生产线的规模，有权出售似乎多余的固定资本。

第六节　完全集体主义与自由

下面是关于这个题目我要讲的最后一点——完全集体主义与自由的不相容性。这种不相容不仅是在狭义的消费和流动的自由方面，而且也在广义的政治和社会方面。

在有意义的市场和独立的积极主动性二者都实际上必定缺乏的条件下，一个集体主义体制在运行中会遇到困难。如果我在前面展开的分析是有效的，在完全集体主义目标下，行动本身的逻辑内就蕴含了某些东西，它必然以或多或少的程度剥夺普通公民的自由，而且其程度要比较少中央集权的统治所可能有的严重得多。

一个人是否认为这样的制度还有可取之处，是否赞成禁锢纯理论的思维，用吓人的口号震慑无知的意见，以及用到处悬挂的巨人像，用可与早期迷信时期最原始的暴行媲美的圣物膜拜来宣扬英雄崇拜，这些自然都是一个终极价值观问题。若要问我，我本人对此持否定态度。对我来说，这是“人”的标准的退化。

第七节　工团主义和基尔特社会主义

如果对想革命地取代自由制度，又区别于共产主义的两个替代物进行简单的考察，有助于澄清当代社会所面临之选择的性质。它们分别是工团主义和基尔特社会主义，而后者又是工团主义的英国式稀释物。

革命运动史的通俗解释常常把工团主义的观点看成与正宗共产主义相同的东西；而且在历史上只要是什么地方发生了反对现状的骚动，它们虽然在战术及口号上也有争吵，确实总是肩并肩地战斗或示威。但在事实上，正如即将见到的，它们有根本的区别。它们全都反对经济自由的制度以及关于国家有支持性功能的概念。它们也全赞同对资产阶级思想的时髦分析。它们会为反对已建立的制度在示威游行甚或暴力行动中联合。但在终极目标方面，工团主义和共产主义却是对立的两极。共产主义就是完全集体主义，它的社会是由中央控制和中央计划统一起来的社会——它所允许的各种程度的分散经营全是工具。工团主义与此相反，纯粹形式的工团主义，主张一个完全非中央集权化的经济，各生产性企业都归生产者的联合所有，并由它们管理，管理与控制是“民主的”，意思是说联合中的工人也像法国职工会或英国工会里的成员那样，拥有同一类型的终极权利，但又是经济的其他方面的政策及服务的主人。

这个概念中存在着明显的困难——只要想将这一概念普遍化为一种制度，应用于整个或接近于整个经济社会。正像费边社会主义的一位缔造者，那位令人生畏的比阿特丽斯·韦伯，曾经说过的：“或许，铁路归铁路工人所有……但是让下水道归下水道工人所有会成什么样呢？”各种生产者的联合有明白的定义，它们各自完成相互补充的而不是相互覆盖的功能。这种毫无拖泥带水关系的思想，只能出诸于像乔治·索雷尔这种爱出风头的文人的手笔，任何一个对现代工业社会的复杂性有最起码认识的人都不会这样想。当然可以成立产业性的联合，从各生产性企业招募成员；但若要说一般运输业工会能按上面的说法发挥作用，成为一个覆盖范围如此广泛前所未闻的联合大企业的管理当局，这样的想法还根本没有经受过严肃的考察。

但工团主义的主要困难却既非定义性质也非分类性质：它们是接触到社会主要经济问题之核心的困难。

首先是人员的招聘与转移。如果工团是它们手中资本的所有者，可以假定，就像历史上所有的垄断实体一样，它们会对招聘极端妒忌，充满戒心。与当代许多很有力量的行业工会一样，入会许可将带有强烈的遗传要素，而在任何情况下都会像在某些行业中那样，出现一些职业性的或学徒期限方面的要求，成为与真正的技术必要条件格格不入的障碍。想要弄清楚一个完全工团化的社会如何安排它潜在的劳动人口，实在不是件容易的事。但即使假定这个问题不存在，仍然还有转换工作的问题。假定有人要离开他的工团，允许还是不允许他带走他那一份按比例划分的资本呢？如果不许，那显然是对人员流动的障碍；如果许带，对于资金规划，又是一个额外的复杂问题。

但这又引出一个更一般性的考虑。共产主义的一个主要理由是在生产的组织上可以使资源配置与一个简单的计划相一致。在本章的前一部分中我曾论辩说，除去包含有军事或准军事的配置，这样的理由不像有什么坚实的基础。我还指出，在缺乏市场和缺乏支配财产的分散经营的积极主动性的情况下，更可能的是牺牲公民们的愿望去屈从计划而不是让计划去适应人们的愿望。但在纯粹的工团主义下，则是连合理的配置也谈不上。由于完全缺乏或者来自中央或者来自竞争性市场的协调，对组织的如下任何一种想法，即在各种边际条件下使收益与成本大致相等的想法，都变得毫无意义。这样的社会将是一场由不受控制的垄断者主宰的噩梦，每个垄断者都以别人为牺牲，寻求自身的极大化所得。自然也完全可以争辩说，经济自由的制度本身，从它是历史地成为今天的现实，从它也有受到国家鼓励的反对流动性的机构、也具有垄断地位看，它也在一切方面都未能实现它宣扬的理想状态。但此处的所有缺陷，若与无节制的工团主义概念中蕴含的混乱相比，那真是小巫与大巫之比——工团主义意味着每个集团反对所有其他集团的无休止的经济战争。

正因为认识到了这种潜在可能性，才于 20 世纪 20 和 30 年代由英国的基尔特社会主义出面，在纯粹工团主义和纯粹集体主义之间达成了协议。它建议，各种生产组织的管理与控制权，如工团

主义者所主张的那样，留在受雇于这些组织的人手中，但让生产工具的所有权归国家。它以这种方式主张说，反对纯工团主义的主要理由，可因此而绕过，而工团主义要释放生产者有组织集团之精粹的想法，则保存了下来。

粗粗一看，这样的协议似乎很吸引人，许多人的兴趣就是在协议颁布时刻引起的。但进一步地考察，其中专业经济学家进行的考察还没有基尔特社会主义者自己人进行的多，却发现了困难。生产领域内主要的经济问题是资源配置问题，从技术效率及士气的维系说，集团内部的组织，具有重要意义。但突出的问题却是用于不同的生产性服务的资源比例；而这却不是每个集团内的管理当局能为自己解决的。由于缺乏市场，既是资本供应者又是终极所有者的国家，就必须起非常积极的作用。但假如国家和它们所称的全国基尔特不一致又怎么办呢？如果发生了这样的事，而这也不是绝无可能，摆脱令人厌恶的中央集权概念及有关的一切所获得的自由，都消失掉了。在基尔特社会主义者内部，就此问题发生了无休止的争论——在该运动的高级布道者科尔的著作里，到处可以见到这样的讨论。在国家和基尔特不相一致的事件中，能否有某种不称作国家的实体，为二者居间调停呢？如此等等。结果这个运动消失在众多协调委员会的奇特困扰之中，就我所知，始终也没有提到运用价格机制的可能性；最后连它的忠诚信徒也放弃了，并回到了有点像费边集体主义的某种主张，想用他们称之为工人参与的办法作为替代——这是一种还有待于澄清的概念。

到今天，我敢大胆地认为，现在已可从更清楚、更实际的视

角观察基尔特社会主义这首插曲,并认识到,它不仅没有解决集体主义和工团主义的矛盾,反而是将它们各自最坏的特点结合到了一起。管理层在巨大的垄断性集团内取得巩固的地位,由于它被赋予了自由,资源的配置问题就变得更加困难;资本资源的最终责权落到国家手中的事实,几乎不可避免地产生花钱无底洞的景象以及相伴存在的财务上的不负责任。有可能争辩说,既然完全的集体主义拥有控制其公民生活的无限权力,或许有可能无论如何避免货币价值的不稳定性。至于原来的基尔特社会主义的概念却似乎在开创一种事态,其中通货膨胀才像是一条最方便的出路。

第十章　国际经济关系

第一节　导言

在截至目前的讨论中，我对政治经济学问题的考察，一直像在假定，关心经济政策的是一个而且只有一个至高无上的主体。国际经济（和政治）关系的一切复杂性，全被撇在一边。不过，在我们这个不幸的星球上，这样的主体事实上不止一个；而且某些最令人忧虑的政策问题，正发轫于这样的环境。所以我专门用一章来研究这些问题。它们也是早期古典传统的政治经济学家进行过的最令人感兴趣和有价值的工作。但它们也是他们的思想还不完备的问题，是世界上变更中的环境已展现了新的景象，人们在尝试新的解决办法的问题。

第二节　问题的性质

先让我们从问题的最根本性质的回忆开始。这个世界上的居民不是由一个政权治理的。无论是好还是坏，社会中强制性力量，分别由大量的主权国家组织起来。这些国家，有的庞大而有影响力，有的稍逊，还有些微不足道，但无论如何在过去是如此，全都宣称是独立的，在联合国大会中拥有同等的投票表决权，在涉及法律、国防和行政管辖问题上具有终极的自主权。于是，这些主体之间的直接关系，虽然受到条约、联盟、有时甚至是非主权超国家组织的支配，却不存在凌驾在所有主体之上的强制性共同权威。在此，并不需要我们去探讨，是什么样的社会凝聚——或恐怖——力量在维系这样的事态，不用去考虑那是语言、历史、种族或者是纯粹的偶然。重要的是它确实存在着，虽然它不断经历着变化，却总是历史上极大部分时期世界形势中的突出特征——在封建制度解体后的西方世界，情况尤其如此。此外，除非我们是哲学上的无政府主义者，而且认为决不存在什么必须有强制性权威支持才能发挥作用的功能，否则我们必须承认，在这些强制性权威的活动中至少有些是必要的，而且在任何健全的社会中总要以某种方式进行这些活动。

再说，这些独立的政治实体并不是离群索居的。它们并不是只耕耘自家的菜园并就靠它过日子。纵观西方世界历史，除去安东尼时代的某些阶段之外，极少有什么时期不在什么地方发生战争。有时，纯粹是首脑和统治者的掠夺行为或为了反对这种活动进行的自卫；有时提出了更为诡辩的理由，索取贡品或疆土；有时出于（真诚或虚假的）宗教原因；有时出于贸易和投资的考虑。所有这些都是大家熟知的；而且虽然下述两方面的研究饶有兴味，一方面是这类冲突的根本原因——在多大程度上归因于意识形态，又在多大程度上归因于经济原因；另一方面是经济与战争的关系——经济生活直接受战争影响的方式，战争成为形势中永恒性事实的可能性；但这二者都不是我想在这一阶段在国际关系问题上集中注意力的事。

我们在此关心的问题，产生于如下的事实，国家之间的这样一类直接关系，并不是国际舞台上的唯一关系。不同地区内的个人之间或个人集团之间，存在着受到法律和政策限制、性质更加纯粹的经济关系。他们相互贸易；他们兑换货币；他们在别人的国土上投资。所以，除去那些国际政治关系层面之外，还有一个跨越国家的个人与群体活动的层面，在这个层面上，虽然缺乏民族国家的直接干预，确实存在着要比纯粹政治领域发生的任何事情都更加复杂——也更加文明——的综合性经济关系。

不过，在这两个层面之间也相互有关系。个人或群体劝诱国家干预市场，以便捞取特权或金钱利益。不同国家的统治者，或者为了谋求他们本人的金钱或权力性质的利益，或者真正关心本国公民地位的改善，对市场发展强加了一些本来不会出现的形式——捐税、关税、禁运等。此外，国家既是财政收入与开支的控制者，又是货币供应的控制者，它们的政策必然会从正面或反面影响整个经济活动的步伐，所以也必然会影响到不同系统之间的关系。

政治经济学在国际经济关系领域内注意的焦点，就是上述两个层面之间这类相互关系的可能性。我们还将见到，这类问题的考虑，不可避免地——虽然这一点还不是总被认识到——引向性质更广泛的考虑，即主权国家之间政治关系及其转换的可能性。但在开始时我们要先把注意力集中于更专门的经济问题。

第三节　古典的立场

扼要地说，古典政治经济学在这方面的建议是：各国应尽可能避免对国际贸易和金融进行直接干预。我希望已经不必再次坚持说，这并不意味着他们否认民族国家在其他领域中有重要的经济职能——谴责他们宣扬一切方面的放任自流，并不真实，而且一再进行这样的解释也实在令人厌烦。不过说他们提出了如下的建议，却是有效的：除去某些我即将提到的例外情况之外，不同国家间贸易商和金融家之间的交易，虽然自当服从各自区域中法律的总的规则，应该像在他们自己国界内类似的交易那样自由，而且也应同样地不受金融财政的扰乱。因此，在这里使用放任自流的标签要比在任何其他地方都更加正当——尽管这种说法的使用常常是失当的。

我们来审议这种态度的依据。在贸易方面，除去当时认为是非常小的例外，古典系统关于国际间交易的规定就只是自由二字。

这种处理意见，源自一种普遍性的认识，交易中的双方全都获利；它区别于早先的甲若得利乙必受损的观点。这种意见还因为对分工的一种评价而得到加强：不仅一国之内的分工是好事，而且国与国之间的分工——托伦斯将这种分工称为地域分工——也同样有利。最初提出时，它借助于常识，讲的是绝对的有利与不利——就像亚当·斯密的那个在苏格兰种植葡萄的著名的荒谬例子。最后因比较成本理论变得锋利无比。这个理论证明，绝对成本有差异的地区之间的贸易，对贸易各方都有利，差别只在于受益的程度不同。譬如说，西德在酿酒及毛织品两方面都比英国优越，而酿酒业的优越性又更多些，那么倾全力于酿造并通过贸易去获得毛织品，对西德的好处会更大些。这样的分析必须看成是抽象经济思维的一曲重大凯歌，其重要性远远超出它首先应用的国际贸易问题；它终极说明的，不仅是国际贸易产生的利益，而且还包括在如下场合进行专门化生产所获得的任何利益，即存在着不相等的潜在差异的场合。它不仅为市场经济，而且也为谋求合理地配置资源的任何经济组织，规定了行动的原则。在其他条件都相等的情况下，纯粹集体主义经济，在实现任何具体目的之际，也应该按照比较机会成本最小的原则，组织运用其资源。

比较成本理论最初是在直接的以货易货情况中，用“实物”条件和价钱开发的。但正如大家知道的那样，它已进一步精致到可以表明，由“实物”分析所指出的资源配置的有利的价格与收入关系，怎样会因为统一货币储备的分配方面的变化而出现。这种理论本质上是休谟的一个著名说明的发展，那是在没有有声望的独立制造商的条件下，对国际收支状况的自我均衡机制所做的说明。如果一个地区的货币成本全都低于其他地区对应产品的成本，就存在了一个暂时的条件，使前者出口所有的产品，而后者全用硬币支付。但在低成本地区内没有干预或普遍储藏的情况下，这又会在输出地区引起价格收入的相对上升，以及在损失硬币地区的相反的过程；直到最后会出现硬币不再转移，两地之间的贸易关系采取以货易货条件时的样式。这就是李嘉图著名的《贵金属分配理论》通俗化为西尼尔的《获取货币的成本：演讲集》，后者又在陶西格杰出的论文“国际贸易中的货币与价格”[①]中被进一步地现代化

① 载《经济学季刊》，第20期（1906年），第497—522页。在巴伦尼的《政治经济学原理》（罗马，1925年），第94—101页，对于比较成本理论的核心命题以及假设的硬币流量机制，进行了极漂亮的几何学的结合。当然，在近似地管理的独立纸币系统条件下——这是一种极其遥远的可能性——并且不难以证明，利用汇率的变化，可以得到相类似的结果。

并详加阐述。

正如我们在前面指出过的，古典的传统，至少在它的后期阶段，也愿意承认在不发达国家里扶植新建工业的可能性；而且它当然也总是承认国防方面的考虑会压倒经济自由。但广义地说，可以正确无误地认为，我刚才提到的理论命题构成了一种强有力的论据，它说明国家之间贸易的利益，说到底也与国内各地区之间的贸易的利益完全一样。

> （休谟问道）如果这一原则使货币既不可能丧失其水准，也不可能在与各个省份里劳动与商品的量相比时上升或下降得不成比例，每个王国里各省之间如何只利用这一原则的力量保持结算平衡？长久的经验不是已经使人轻易地认为：当一个忧郁的约克郡人把以税收、地租、商品的形式收集到伦敦去的总数算出来，加以放大，并且发现对比之下交换到的物品如此低劣时，这样的计算会给他以多么无望的想法吗？而且毫无疑问，假如17世纪时七雄并峙的局面仍存在于今日之英格兰的话，每个国家的立法机构就会因为担心收支不能相抵而不断地惊扰；而且考虑到这七个国家相互都是近邻，它们之间的相互仇恨也会极端激烈，它们有可能出于妒忌和多余的谨慎，完全压制商业往来。①

① 《论文集：道德、政治和自由》，格林和格罗斯编，第一卷，第334—335页。

第四节　对古典主义的批评

著名的古典政治经济学就国际经济关系做出的政策规定，就如上述，当然这只是过分简略的纲要；如果一个人对于他们议论中显示的机敏，对于鼓舞着他们世界观的宽阔的胸怀，不立即感到钦佩，他真可能精神上有点呆滞。比较成本理论、货币交易自我均衡的思想、自发的国际秩序的目标，它们都有同一个特征：和平交换以及地域分工使双方都得益。你必须在思想史里探寻很久，才能发现在如此文明人道、如此睿智表达上与之媲美的东西。

不幸的是，它含有一个假设：让它们自行其是，或者说各种国家机构都自觉地避免进行干预。人类既往的历史中还找不出一个事件可以说明这样的假设是可能的。亚当·斯密是否怀有这样的思想，也值得怀疑：“期望……贸易自由会在英国完全恢复，其荒谬程度就好像期望奥辛纳或乌托邦会有一天在英国建成一样。”[①]但自由主义传统内后来的作者却至少倾向于争辩说他们似乎曾这样想过；而这是十分奇怪的。因为在18和19世纪，要在各个国家地区之内创建自由贸易和共同的通货，不可能是下述行为的结果：各城市、公国以及有关的权威自发地拆除障碍和统一货币系统。在国家内部创建自由主义的条件，曾经需要中央权威的说到底是强制性的行动，取消地方征收捐税等权力以及发行独立货币的权力。当我们带着惋惜的心情回到古典自由主义被挫伤了的愿望时，不

① 《国富论》，第一卷，第435页。

禁要问，他们既然从未梦想过地方当局会发布自我否定的法令，他们中的一些人怎么会希望独立的民族国家反倒会这样做了呢？假如我们想到我们时代的环境，肯定会发现并不存在这一类乐观态度的任何根据。

货币与信用

这个问题值得进一步展开。所以请允许我紧接着上面关于一般古典立场的纲要，分析国际货币均衡的先决条件。

这个立场包含的最明显的意思是，为了使货币均衡在固定汇率下存在，有必要使与其他地方的开支有相对关系的各地开支的变化，应该像是只有一个统一的货币而不是有许多种通货。这是说，如果支付给一个地区的款项超过了该地区付出的，那个地区必须有相应的膨胀，而假如情况相反，就必须有相应的紧缩。这样一来，货币兑换就只不过是一种技术性操作，天衣无缝的国际支付也可以维持。

为说明起见，我们先取一个有利于对比的有限情况。如果内部流通的通货全由贵金属铸币组成，如果在流通中的一切信用手段都有百分之百的贵金属担保，而且如果这样的事态到处都类似，于是膨胀或紧缩的适应过程，就或多或少是件自动进行的事。如果一个货币地区与其他货币地区之间的国际收支失去平衡，贵金属的分布就会发生变动，它作用于有关地区的价格、收入和就业，会倾向于产生一个新的平衡。不同地区的货币各有不同单位的事实，只是小事一桩：无论对何种意向或目的而言，不同地区内的流通行为会与只有一种货币时一样。在这样的体系内，对各种货币的绝对价值，不再有保证；但若将货币化为一种共同的重量，则它们与其他类别商品的关系却会是一样的。这就是在休谟的著名论文《论贸易平衡》中成为不朽的硬币流量机制理论。

不过，只要我们做出更为现实的假设，即存在着补充或取代纯金属货币的其他交换手段，就出现了不协调的可能性。如果在不同的国界内有一些机构，可以独立发行票据形式的信用，显然就难以保证不同货币系统之间的关系会协调地运动，必然会排除或至少迅速消除国际支付中的不平衡。历史经验表明，这一类不协调的可能性是很实在的。值得注意的是，休谟本人就清楚地意识到这一点并且说了出来，而他却正是硬币流量分析的创始人，在这方面的古典立场的许多国际政策又是以这个分析为起点。他在那篇著名的论文《论贸易平衡》中争辩说："除去银行、基金、票据信用等等在英国已到处通行的制度之外，我不知道还有什么别的办法可以使货币价格跌到水平之下。这些制度使票据相当于货币，使它代理黄金白银的地位，让它在全国范围内流通，成比例地提高劳动与商品的价格，而利用这样的办法，或者排挤了大量的贵金属，或者阻止了它们的增加。"①

自然，并不是说只要存在信用的安排，国际收支平衡就不再可能。如果各种银行系统安排好它们的政策，使得内部的剩余包含了相应的膨胀，而对外发生赤字就有相应的紧缩——请注意在此使用的相应的一词——使得综合起来的总开支仍然与有共同货币时会发生的一样，一切还是万事大吉。为确保这一协调，该用何种

① 《论文集：道德、政治与自由》，第337页。

工具，古典的经济学家分成了两派。他们全都同意，应该以信用手段可兑换成贵金属为基础。但正如已在前面见到过的，通货学派争辩说，可兑换性必须用强制性的义务来巩固，即发行的票据要有坚强的后盾；银行学派反对单独挑出纸币发行作为要承担义务的专门保证对象，他们尤其主张将利息政策与大为增加的储备结合起来。在实践中，没有一种政策规定是有效的。确实制定了法律，票据要有强制性保证金，但对其他形式的信用未提任何要求意味着金融危机仍然会发生。保持更高储备的建议，从未遵行过，以致海外账户上的任何破坏性赤字的处理，都因为丧失了这个较大的回旋余地，获悉得更加急促，情况更加严重。不过，虽然这个系统有些时期令人忧虑，而且有些地区还发生危机，却总算以这样那样的方式，一直维持到了 1914—1918 年的总崩溃。

值得进一步注意的是，这样一种系统的险峻及耐久都会是过分夸大了的。“通货膨胀”或“通货紧缩”两个词，严格地说只应用于汇总的情况——无论那是一个封闭系统，还是因为遵行共同的规则而连结在一起的多系统的世界。将这样的词不加节制地滥用，就会使人对这样系统内相对运动的思想，产生不该有的恐惧。如果在其他各点都相同的情况下，譬如说对罐装啤酒的需求增加了，这时啤酒商的收入以及可能的价格的增加，不应该称之为膨胀，反过来例如软饮料销售的下降，也不应该说成是紧缩。在讨论国际开支总数内部的变动时，也适用同样的告诫——因为对某个国家地区的产品有较大的实际需求，那里的货币收入增加，不能说是膨胀，也不能把其他什么地方货币收入的减少说成是紧缩——尤其还因为，在一个总的说来在发展中的世界系统里，这样的变化是相对的而不是绝对的。当世界上货币的总供应量的增长率与一般的生产率相称时，某个地区国际收支的逆差并不一定包含了该地区总开支的绝对的紧缩，而只是与国际收支顺差的地区相比，相对增长放慢了而已。绝对紧缩的可能性并未排除，但完全不是不可避免的。

不过，十分清楚的是，如果政府和中央银行对内部政策的合宜性有不同的想法，主张举措新的信用抵消赤字，用反常的储存对付剩余，就易于在国际收支系统内引起应变与应力，并引向兑换危机甚至使任何固定的平价体系破裂。一家中央银行，如果所处的基本市场形势需要高利率，而它又想执行货币贬值政策，它所引起的运动极易与满意的国际收支背道而驰。一个志在充分就业而不考虑收入相对于产品的价值有何变化的政府，也几乎肯定会陷入同样的困难，除非其他政府也持同样的意见，要按相同的比例扩充其开支。

所以，关于国际货币均衡的古典理论，总以一个隐含的假设为基础：为了不致发生固定平价的不平衡现象，可以信赖独立自主的主权国家对其财政金融政策的管理。这实在是对政府通常的行为做了过分乐观的估计。

在专业方面极为称职的人士中间，有时确实流行着一种思想，假如放弃维持固定平价的打算，允许兑换率完全自由地起伏浮动，就仍然可以维持核心的古典假设：国际收支的自动平衡以及遵照比较成本和相互需求原则的地域分工。从表面说，这样的思想也不是没有吸引力；而且在介绍这种思想时也提出了许多机敏的论述。模型是肯定能建立的，其中在其他条件都相同时，不同国家地区之间的配置功能由兑换率的变动履行，就好像国家之间只有硬币流量关系的李嘉图式模型中黄金运动的作用一样。但即使这种思想怀有尘世间最好的愿望，想从当代国际货币问题的复杂性中找到一条简单的出路，我仍然无法令自己相信，无论是从目前的金融要对付的世界的复杂性，还是从自由主义理想终极的先决条件说，这样的建议会有什么用处。

为了避免误会，请让我马上说明我的这个责难所不含有的意思。

首先，这样的责难并不意味着，如果世界其余地区仍维持着多少固定的平价，单个汇率就不宜于浮动，或浮动会带来灾难性后果。如果有关的这个地区严重失去均衡，又不确定什么是适宜的平价，在一个阶段内实行试验性浮动汇率，就很有理由。如果一个小地区甚至联合起来的一个大集团在长时间内采用了这样的政策，只要——我们也将看到，这个假设能否成立是可疑的——它的内部政策并不想制造外部的不均衡，那也不能认为一定是灾难性的。我想提出的保留意见指的是让世界上不同的货币系统全都自由浮动，而且还以为以此作为永久性系统与基本的自由主义理想仍然一致。

让我们从客观的实际开始。迄今还未出现过这样的一个系统，而且从一切可能性来考虑也决不会有这样的系统。这个理论使用的术语，区分了“自由”浮动与“肮脏”浮动，前者是字面的意思，而后者指的是在各种干预与控制下的浮动。在这二者之中，“肮脏”浮动才是我们熟知的事物：任何一个想到海外作短暂旅游而必须购进外币的人，特别是那些想把资本从一个地区转移到别处的人，都已经接触到了世界上绝大多数国家的环境中流行的实际情况与组织。至于自由浮动，即不受所有这一切影响，中央银行既不为政治原因支持本国通货，也不设法挫败人们常说的投机阴谋，不施加任何干预的浮动，却从来也不是一种常见的景象；若要认为它会在世界上普遍存在，不论当地的制度是独裁的或是民主的，那实在太难以想象了。

此外，即使不考虑所有这些，不考虑它会带来的所有规避行为及复杂性，我们还应该注意到，它对内部政策可能有的间接影响，它们会与外汇的浮动相伴存在。要维持当地货币购买力的内部稳定性，是一种需要极其审慎小心的作业，即使是在承担隐含的义务，例如维持固定的兑换平价的约束条件下，也不例外。如果再抛开这一约束，汇率成为自由的，即使将政治放在一边不去管它，想要防止浮动的汇率所引起的内部复杂性，如进口价格的得不到补偿的上涨，为了抵消兑换率下降生活费用变化而提出的增加收入的要求等，这样的工作，即使是在天使组成的国家里也不易处理。在当前治理绝大多数自由国家的人的实际水平的条件下，最大的可能性将是像在英国的现政府下那样，兑换率将“关心”国际收支，所以就会推行赤字财政的内部政策而对它的外部反响不作必要的考虑。

让我们忽略这些世俗性质的考虑，再稍稍想一下这一问题的纯理论方面。它的明显的理由是巨大的方便，这时再不会有抵消补偿性质的运动，只要利用总汇率中的变化而不是利用货币收入及国内生产之物品价格二者的变化，就可以让国际供需条件的变化去影响有关地区中个人的实在收入。有一种称作“货币错觉”的事是说劳动市场及其他方面关心的焦点是接收到的货币量，而不是它们能买到什么东西。假如这样的货币错觉存在，情况就真的会如此：使出口变得便宜而进口更贵的汇率变动，至少在变动开始时受到的阻力，要比改变内部的收入及成本小。学术界人士之赞成浮动汇率，常常通过对单个市场在这方面作用规则的悲观看法才采取这一立场的。可能很少有人认识到，他们规避这些困难的希望能否实现，在很大程度上取决于汇率所影响的区域的宽度：如果各自生产单一类别商品的区域都有不同的汇率，地方货币的价格与它们的外汇当量之间的差异，就很难逃脱人们的注意。

但即使假设地区充分地大，足以使一种货币表示的价格与收入与其他货币所表示的价格与收入之间的关系显得五花八门，可以不马上被人所觉察，想要说除去外汇市场上的经纪人之外，再没有人注意到它，也实在是一点也不现实的。而且只要这个过程开始了，在缺乏控制的情况下，就会出现一种日益增长的趋势，要用对它的期望最好的通货签订合同——以便丧失的价值最少或获得的价值最多。这并不是向壁虚构，而正是早年关于黄金和白银存在着多种平行的通货，在黄金和白银的交易中发生过的情况。这也是 20 世纪 20 年代，关于货币兑换的控制技术已臻于完善时，在西欧发生过的。在德国以及其他货币不稳定地区，越来越多的合同是用英镑——当时的硬通货——和美元签订的。这是说，在自由的条件下较软弱货币的使用将萎缩；独立的国家政策就货币的法定成色各自做出规定，这样创造的离心倾向，与为了自利的目的要把交易统一到预期为最强的货币的向心倾向，形成了鲜明的对照。

这就是国际货币问题上所谓的"自由主义"解答的逻辑后果，亦即，假如不有意规定，签订合同只能使用一个人自己的货币，货币系统就不能生存下去。维持自由浮动的兑换，竟会包含了像柏拉图在《法律篇》[1]所描绘的令人讨厌的极权主义社会里的货币那样，只准使用地方国家的货币做交易，否则就要进行残忍的制裁。肯定地具有讽刺意义的是，这样一个系统的赞成者中确有一些人是自由主义者，但他们对于这个系统强加于个人经济自由的极端限制竟然处之泰然。

贸易

下面开始讨论关于贸易和商业政策的古典规定。

首先必须清楚，这些规定以及建筑在它上面的期望，全都大大低估了生产者利益在形成政府经济政策方面的力量。要为这一学派的思想负责的，是一批高贵而理想化的人物，他们实际上相信，只要将他们的分析向世界一发表，消费者的明显利益就会横扫生产者集团设置的任何障碍。亚当·斯密和他的朋友们并没有耽于这种幻想之中。用他的话来说，他们知道"同一行业的人极少在一起聚会，即使是为了宴乐与消遣，但他们的谈话总是在反对公众的一片喧嚣声或是在设法抬高价格的诡计中结束"。许多 19 世纪的自由主义者却不像亚当·斯密那样了解实情。他们忽略了一个事实，生产者的集团利益，要比消费者总体的利益更为直接和连续，而且更加倾向于团结和协力的行动。所以他们希望想用民主的方

① 《柏拉图对话集》，英译者本杰明·乔伊特(1875 年)，第五卷，第 313—314 页。

法避免有害于消费者利益的政策，正像历史已经表明了的那样，实在是华而不实。

除去这个之外，他们肯定还低估了存在于两种政策转换过程中的实际困难。一种是绝大多数国家正在奉行的贸易保护政策，另一种则是他们推荐的自由贸易政策。他们宣扬，单方面撤除贸易壁垒最终会有有利的效果。但他们倾向于忽略了另一种可能性，在过渡过程中贸易条件的变化会产生逆向后果。他们决不是根本不了解各种贸易限制形式在理论上的可能性，他们也了解这些贸易限制利用垄断地位有可能为地方带来好处，但照我的判断，他们仍把这些看成是并非总会在实践中发生而不予考虑。但除去罗伯特·托伦斯是个例外，对于取消贸易限制会引起反效应的短期效果，他们肯定全都没有充分重视。这种反效应不仅影响受到受保护的产业，而且影响整个地区的对外贸易地位。①

上面的讨论是要说明，实现自由主义的愿望存在着困难，即为了实现长期的利益，国家要先放弃对国际贸易的干预，但事实上难以办到。如果我们对此再添上一条，你就可以明白使它成为高度不可能事情的意见氛围：在保护新建工业的借口下，征收完全人为而且无差别的关税，这是完全有效的议论，将这样的措施扩展到我曾称之为“无效”的产业，固然更有争议，但在不明内情或感兴趣的政治选区内，却会有很大的政治回报。19 世纪，英国撤销贸易保护措施，废除限制进口的谷物法之后，自由贸易运动有某种程度的

① 在为进出口税对所谓的“贸易条款”进行的讨论中，对长期的有利和不利后果，再没有比马歇尔的“国际贸易的财政政策备忘录”讨论得更好的了。参见马歇尔：《官报》(1926 年)，第 36—42 页。但据我判断，他也低估了拆除贸易壁垒的短期困难。

流行，现在回顾起来，这一短促的时期，至少可以看成是因为有了广泛的理解而导致的一种历史侥幸。威灵顿公爵在讲到谷物法这段插曲时就说“是那该死的土豆促成了这件事”；而且几乎像所有社会运动的短期计划那样，谷物法虽然过分简化了实际情况，它也与下面的观点同样地接近真理：这种观点把谷物法看成是真正理解自由贸易的有效论据——区别于通俗论据——的少数人士的美妙而有说服力的理由的一次胜利。

所以，从我关于贸易以及关于货币与信用已经说过的话中应该明白，建立在古典分析之上的广泛愿望，都以幻想为基础。期望独立国家一旦充分认识到它们的利益之所在并将之广为散布，它们就会将国际贸易和收支的政策指导得像世界上有一个协调的权威一样，这样的期望从常识及经验讲都缺乏根据。基于这种假设的期望，在这方面较诸戈德温式哲学无政府主义的疯狂概括，并不见得有更多的实践基础。被称为主权国家的组织，若缺乏法律与秩序的共同框架的制约，国际经济关系就会陷入混乱，而且还会带来国际政治关系以及国际和平方面的各种危险。

既然如此，还剩下什么呢？

无论如何，仍然还存在着一个理想。如果古典的愿望证明是错误的，他们的分析所根据的模型在这方面仍然有吸引力。至少对我是如此。在不同国家地区的个人之间，商品与劳务的交换，应该像区域内部类似的交换一样地自由，这样的思想在我看来仍是一个明智地组织起来的世界所迫切需要的东西。将货币系统安排得好像只有一种货币在起作用的思想，也完全一样。对某些年轻人来说，当前的事态——它的兑换控制，它对资本出口的人为管制，它的由具体产业对选区的肆无忌惮的贿赂以及它的完全不确定性——都是自然秩序的一个组成部分。但对于我则不同。我认为它们是在人类社会中造成分裂的一种信号和符号，它们是我们应该试图跨越的事态。

但问题在于如何做。像联邦那样对商业和货币进行管制的世界联邦显然是不可能的，至少在我们的有生之年是不可能的。考虑到意识形态方面的最终差异，更不用提发展阶段及人口趋势方面的差异了，许多人，即使是那些持自由主义倾向的人，都会积极地反对它。关于这件事你想得越多，你看到的实际困难也会越多。我们需要先对制度结构以及表现形式的思想进行全面彻底的审查，然后才能对世界联邦提出接近于切实可行的概念。

在我们时代，最可取的方案一直是国家间更松散的集体安排，这些国家志趣相投到了足以缔结超出特定双边条约的程度：在贸易领域内，在关税及贸易总协定的支持下举行阶段性会议，就放松商业限制达成一般可适用的协议，这种协定是双边性的，但在同时实现且以最惠国条款的方式散布其利益。在货币领域，则是就外汇汇率的变化规则达成松散协定，以及像在国际货币基金组织——或许是经过修订和整理的布雷顿森林金融会议的系统——的规定内试图做到的那样，汇集某些用于相互支援的资财。

不幸的是，这样的权宜之计难以持久。商业协定可以废除或绕过，而且，在仍然保留独立信用操纵权的条件下，精心安排的国际货币构架，会像我们在近年见到过的那样，归于失败。对于第二次世界大战以来为疏通国际贸易与金融已经做过的工作，自然不应低估其作用。但假如认为余剩下来的那些，足以保证货币秩序的连续性，并把保证的范围限制在自由世界中愿意沿着这个方向发展的国家内，也简直是自欺。分析到底现在还没有什么能够实现古典理想的权力机构，能像民族国家当年从城镇及地方权威那里，作为有意志力的积极主动的政权，接管贸易与货币的管理权那样，从诸民族国家那里将这些功能接管过来。

很清楚，这就引起了最好在公开的政治背景里加以讨论的许多问题，我把它们组成为本书最后一章的内容。

第五节　集体主义下的国际经济关系

不过，在照上述那样继续讨论下去之前，值得先探讨一下集体主义条件下的国际关系。这并不是什么“书生气”的遐想，此处“书生气”一词是政客们使用它时常有的意思——不顾眼前反而去考虑再下一周以后的事情。世界上有相当大的区域是在完全集体主义统治之下。我们并不是在向壁虚构。

就是说有可能设想一个世界，其中的国家全是集体主义的，而它的资源配置以及由此而来的贸易样式与古典的理想近似地一致。如果各个有主权的政权按照机会成本的总原则规划它们的经济，将它们的劳力及物质资源投放到使它们的比较利益最大的活动领域，并通过交换获得其余的消费品，情况就会是如此：如果一个世界性的集体主义政权掌了权，而且——我们已经看到这是最不可能的事——它真的处于计算成本及有效需求的地位，于是可以希望，假如它对个人在选择方面的自由有所关心——对于一个享有如此前所未有而且吓人权力的行政机构，这种关心是最不可能的事——的话，就可设想会出现这样一种样式。

但在有许多个独立的集权主义国家的世界里，这种样式的出现，却是高度不可能的。因为在这样的形势下，如果这些政权遵循古典的观点办事，每个政权的计划就会受到大量在它们权限之外变化的影响。它们可能不得不适应外部和内部的条件——而这会被看成是对集体主义政权所主要追求的统一控制目标的一种损害。所以，虽然生活的事实仍然是老样子，即不可能完全消灭与其他国家的经济关系，却至少会存在一种尽可能做到自给自足的尝试：与世界上其他地区的商业会采取大宗交易、长期合同、双边买卖合同等形式，在这些形式中要与以比较成本为基础的贸易样式一致的考虑，只起很小一部分作用。所以我们得到了一个有趣的认识：国际化的集体主义，如果不受前面一章考察过的政治和经济缺点的影响，它倒是倾向于保留国际间的分工，而民族的集体主义则倾向于破坏它。这样的冥想式的考虑所得出的结论，与我们所知道的世间事实真相，倒不是不相协调的。

但事实比这更糟。因为追求自给自足而可能含有的牺牲，会在一个政权治理的疆域变大时减少；在集体主义制度下，财产与领土的界线倾向于消退，一个集体主义政权若是拥有或自以为拥有超越别人的军事潜力，会有力地倾向于扩张其统治。假设同一个世界上的许多国家，除去维持法律、秩序以及供应必要的服务之外，不负指导生产组织的责任，在这样的环境中，除去国防的考虑外，行使国家权限的范围，就成为次要的事情。北美十三个殖民地刚开始独立时，这件事并未成为阻止英国纺织业增长的环境因素。但在集体主义制度下情况就不同。疆域的大小会在事实上影响计划管理。苏联势力之所以牢牢地控制住东欧国家，固然有意识形态方面的理由，但增加“合作”范围，也是个不可忽视的因素。

古典经济学家们有一个大胆的想法，商业交流的自由会减少国际冲突的危险。本节申述的这些议论却使人有理由担心，在民族（国家）集体主义的世界里，因经济原因而发生的冲突会更多而不是更少。[①]

第六节　自由通行

在国际经济关系领域里，还进一步出现了一件特别的事情，值得扼要地加以注意——这就是人的迁移问题。

虽然二者的起源不同，商业自由的格言历史地与通行自由的格言成双成对。[②] 但在18世纪的社会结构中，通行自由主要针对的却是当时还盛行的限制劳力在国内流动。正如我已经说过的，亚当·斯密用相当的篇幅指责贫民示范区法，因为它对人们在地区间的流动，强加严厉的限制。随后，当国际规模的移民成为显著现象时，通行自由的理想似乎就不知不觉地成为持有自由主义思想的人一般意识形态的一部分。我记得很清楚，当我还是个孩子时，曾经询问过我母亲通行证一词的意义。她说：“噢，那个嘛，那是不幸地生活在俄国时一个人必须要有的东西。”

① 在这方面请允许我让读者去参阅拙著《战争的经济原因》(1940年，纽约重印，1968年)，此处只扼要接触到的问题，在该书中进行了长篇讨论。

② 参阅奥古斯特·翁肯的《商业自由和通行自由的格言》，该书有详细的历史注释。

毫无疑问的是，在一个人口固定或均匀增加的世界里——请注意我提到的条件——消除对人口流动设置的障碍，有利于生产的效率。会有一种倾向，人从边际生产率比别处小的地区或产业，向边际生产率较大的地区移动。我还不知道有什么分析，无论多么高深莫测，会否认如下的可能性：在这种情况下一般用价格计量的产量会大于阻碍人员流动的相类似世界的用价格计量的产量。

此外，如果我们转向社会道德的更高层次，赞成通行自由的一般议论也同样令人信服。移动的自由，是文明社会的信号。其垄断地位会因此而受到威胁的既得利益集团，无疑会加以抵制——这也是公众反对的常见动机。它也会被极权主义的政府禁止，它们不愿意子民们亲自见到别处的自由果实。伏尔泰在他的《查理十二世史》中讲到，18 世纪的俄国，除去获得当权者的特许，公民没有到国外旅行的自由。伏尔泰又说："公开制定了一项法律，阻止他们去认清自己被奴役的状态。"[①]无论当时还是现在，没有一个道德观念正常的人，对于这样一种限制移动的理由会不感到极端的反感。柏林墙的铁蒺藜网（以及可能是外逃者的墓地），是一种永远耻辱的标记。

不幸的是，在一个交通方便、语言文字繁多、风俗习惯不同、人口增长率又参差不齐的世界里，确实有一些在道德上并不卑鄙的反对自由通行的理由。假如，在一个有独立主权的地区，突然涌进大批说不同语言、按明显不同的社会习俗办事的人，当地的居民就会产生强烈的反应，于是为了国内秩序的利益，就会有人提议限制

① 《查理十二世史》，英译者托德·亨特（普及版，1908 年），第 22 页。

进入的比例。可以举出各种道义上的理由反对这样的政策——更不用提这样的事实，当人们考虑这个政策时，还总是受到无知的或政治上得益者的催促。但即使站在纯粹不偏不倚的立场上，也确实难以否认在某些情况下这样做可以少一点罪孽。在我的青年时代常听人说："让世界上的人混居在一起，就不会有国际冲突了。"可惜我们现在知道事实并非如此，需要相当高的教育程度才能在人群中消除语言和习惯方面的差异。

此外，在世界当前的条件下，还存在着通行自由应暂缓实行的较少争议的理由。这就是某些地区无休止地增加人口的趋势。如果大家都承认极端的过多人口是造孽，而且某些地区正流行着这样一种情况，我认为就无法反对下述的见解：不存在这一趋势或正在消灭这一趋势的地区或居民，他们并没有义务要默许别人到他们自己的地区来散布这种过量的人口增长。确实，站在严肃的总效用的立场上，每一种理由都反对这种做法。全体人民刚进入合理高水平的生活与文化的地区，实在没有义务让自己淹没在不加控制的禽兽式的繁殖之中。正如在古典传统的经济学家中最富世界主义理想的埃德温·坎南说过的："假如有哪个民族把詹姆斯·穆勒形象地形容的'人类的蚁冢'作为他们进步的理想，将这样的人群限制在尽可能狭窄的范围之内，可能倒是件好事。让人们明白，过量的人口是一种罪恶，使人们学会如何防止，先从一个国家或大陆开始，然后遍及整个世界，这样才更好些。"①

可能会有一天，上述结论的说服力会因为人们对待自身繁殖

① 《国富论》，第 2 版（1928 年），第 287 页。

的合理态度的广泛传播而变成无的放矢——在这种情况下，再要限制流动的自由，就只能用一个理由：缓和无知的偏见。但从当前世界上一定地区的事态看，而且考虑到这些地区居民的习惯及意识形态的难以控制的本性，不禁令人担心，我们正身不由己地生活在纯粹的通行自由理论不能应用的情况之中。我们可以假设，在世界其他部分——例如西欧和北美——倾向于使人口基本不变的影响，已经到了允许人们去冒风险，形成自由移动地区的程度；我在这方面说的话，不应该用来为自由移入整个西方世界的障碍辩护——我准备肯定地假设，至少要使限制家庭人口的思想最终得到散布，甚至在目前所信奉的教条谴责这种限制的人中间散布。但在许多地方我们还只是把头埋进沙里，企图忽略目前趋势中非常现实的危险。①

① 认识到这样的危险，也不应该成为限制这些地区一切人移动的理由。但进行十分严格的教育程度测验则是有道理的。

第十一章　政治和政治经济学

第一节　导言

第一章结束时提出来的计划，现在基本完成了。我已经尝试着对古典政治经济学在它所关心的主要领域内的政策规定，进行了纲要式的评述：涉及到消费、生产组织、整个系统的稳定性、福利与分配及国际贸易；而且我还偏离本题，对集体主义的各个方面进行了比较，说明后者在哪些方面与古典的基本规定不相矛盾，又有哪些是明显的冲突。但，除去某些偶然情况外，我还不曾考察过鼓舞了古典作者的更广泛的政治性假说，也没有从那时到现在的经验及思想角度讨论它们。而这些正是这总结性一章的目的。

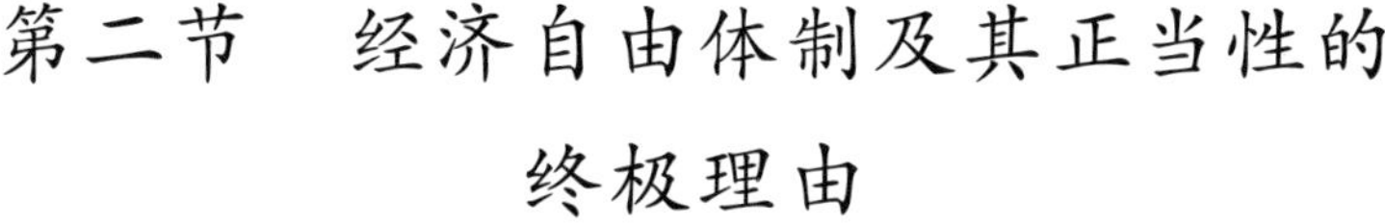

第二节　经济自由体制及其正当性的终极理由

我们已经见到，古典世界观的实质是坚持个人及其群体的自由，而这样的自由又不侵犯他人的自由。我们还知道，这样的主张不可避免地要求有一种法律与秩序的机构，而且当有关的职能不像会由个人或个人的群体实施的时候，它也包含了一种积极的强制和集体的行动。对此，下面还将详细地谈论。在现阶段，我们研讨的重点是坚持要自由的理由。

当然，我不认为可以仅仅用信念来说明这个体制，说理由就因为相信它能行，而且如果这样做了效果也过得去。十分正确，古典世界观的主要特征，是要论证在非人力的市场机制指导下分工所达到的程度，而这也正是《国富论》核心分析的主题。而且，揭示出一种生产组织的潜力，不是由上层强加而是由个人或群体的积极主动性自发产生，且在法律与秩序的框架内活动的生产组织的潜力，无疑是旷古以来伟大的社会发现之一。它的影响从那时以来一直延续到现在，而且在近时，通过那个名称取得不那么恰当的"效用理论"，对需求进行了详细分析，影响变得更加锐利。自由的概念所以在古典的著作以及同一传统的以后著作中备受推崇，市场的自我调节机制，以及市场中包含的分散经营的积极主动性的范围，都做出了很多贡献。否认这些，肯定会误入歧途。

不过，如果把上述的看成是强调自由之正当性的终极理由，又是错的。亚当•斯密的"自然的自由"是因为行得通才受到颂扬。但它之所以可行是因为满足了表现为有效需求的人的偏好，而且这是些除非还侵犯了别人的偏好，否则不接受权威禁令的偏好。对这种机制的认可，并不是作为目的来认可；它实则是作为工具来认可，利用这种工具，表现为个人选择和环境相适应的自由，可以达到极大的程度。

但又为什么要这样强调自由呢？古典作者中的大多数，可能除亚当·斯密这个例外，[①]都可在某种意义上描述为功利主义者。

① 此处的限制条件是想表明，我并非不知道麦克菲教授（见他的《社会中的个人：论亚当·斯密的文集》，1967 年）以及其他人关于将他归入这一大类的责难。但这反而成了荣耀而不是耻辱。

他们会争辩说，由于终极的目标是取得极大幸福，而且因为个人要比任何权威都更有能力为自己做出判断，一种自由的状态才是满足这一标准的最根本状态。今天，假如我们按照卡尔·波珀的说法，将目的改成为使痛苦最小——这样改的好处是不给人以赞成极权主义提法的印象——在这方面仍有许多可说的。即使是约翰·穆勒——人们必然会把他的《论自由》永远看成是关于这个题目的经典哲学论述——他也倾向于用自由的主动精神和自由的探究能提供的益处来陈述他的理由；而且无论我们多么想再添上些什么，谁又会希望从他的论述的理由中再减少什么呢？

然而我个人仍然怀疑，这样表述事物是否真正抓住了要害。我们可以同意，在享受与活动中为自己做选择时，对什么才是能增加自己幸福或减少痛苦的，一个受过教育的成年公民会比手握强权高居其上的人更好——虽然我们必须承认，从根本上说，这是一个经验判断问题。但我们也必须同意，在以这样的方式考虑时，自由是工具而非目的，而且无疑它也会有被我们认为是坏的效果，就像它会有好的效果一样。在世间事物的本性中没有一样东西可以使我们相信，个人或个人之群体的自由，必定会导致无论从何种道德标准看都是好的行动。

不过，尽管如此，我想我们仍然可以断定，只有是自由的行动，才够格在那样的背景中做好与坏的描述。我们可以把旱灾说成是坏事，把丰收说成是好事；但在这样的说法里不含有任何道德上的意义，除非我们把这样的事件看成是主宰宇宙的意志的表现——这又不是每一个人都愿意这样做的。对于人的作为也是同样的道理。由上面强加的行动可以有后果，这种后果从某种意义上说，或好或坏。但只有自由选择的行动，才有资格就行动本身评论其善恶好坏。其余的，与物质世界中的其余事件一起——地震或畜群的移动——只不过是物质因果关系的后果。

这才肯定地是赞成自由的终极性理由。并不是说它必然导致本身是好的行动，或者它能防止本身是坏的行动，而是说它是一条必要条件，具备了它，一项决策才成为任何严格的道德判断的对象；而且只有在它存身的地方，人类的行动才受到道德上的分类。我并不想说我已知道古典的自由主义者是否赞成这个提法。但我要说，它为他们的终极目标是否正当找到了一条非常有力的理由。

第三节　国家的职能——限制

在前面几章中我已经反复强调过，对自由的追求包含了一个法律与管制的机构，以免某些人的自由侵犯其他人的自由。我还从各个方面讨论了国家的积极职能，既有关于无差别受益之提供的，也有关于福利和分配的。但在对如此设想的政治制度进行讨论之前，先观察一下有关国家总的操作范围的见解如何演进，或许是符合需要的，有人可能这样想，这样一个问题的答案，不可避免地是许多专门问题答案的总和。但我认为它要比那个总和更多，因此，无论如何也值得公开讨论一番。

要治理得好必须管得少的格言，并不是古典经济学家提出的。它的作者是法国重农学派的先辈马基·阿尔让松。[①] 但我并不怀

① 参见翁肯：《商业自由和通行自由的格言》。

疑，英国的古典作者曾在这方面作过论述，虽然可以证明，他们的政府职能的概念，在相当程度上超越了法国学派的观点；[①]而且随着时间流逝，这些概念的内涵还沿着许多方向拓展了。边沁的某些分析，尤其是货币理论方面的，虽不属于正统的古典观点，但边沁的著作在什么是合适的政策这个概念的形成上，必须认为具有大的影响力，而且对于扩展政府的活动，也富有新的思想。他承认总的原则。在他的著作中确实可以找到有关政府该怎么做的最尖锐的提法。[②] 正是边沁重新提出了原来由希腊哲人第欧根尼说的话：“不要站在我的阳光下”，并利用这句话作为对政府干预的禁令。

为什么会是这样呢？从历史上可以举出两条理由。首先，必须记住，在古典世界观的发展时期，政府机构既腐败又无效率。使英国拥有不易遭受邪恶影响而且又比绝大多数其他地方更有效率的中央文官制度的改革，在当时尚未出台；为此理由，我们在今天会毫不迟疑地期待由政府来做的许多工作，在当时根本不在实际可能范围之内。某些古典思想家，尤其边沁及其追随者的影响，对于政府机构有较大成效的进化确实做出了贡献。但如果召唤政府行动起来的理由还不是极端迫切，仍然存在着避免这种求助的理由。

不过还有比这更重要的事实，政府当时实际在做的许多事情，

---

① 参见拙著《经济政策理论》，尤其是第二章。

② 正是这些提法，使得凯恩斯产生了误解，他对边沁及边沁派的著作显然读得不多，因此在那篇著名然而在这方面也高度误导的《自由放任主义的终结》(载《凯恩斯全集》，第十卷，第 729 页)中把边沁比喻为口含烟斗的萨利大婶。

都让古典世界观非常反感。当时许多管制和干预的范围，根据核心的古典分析，都是不仅不必要管制和干预，而且反而有害。它们包含了对消费者一方自由选择的干预以及对生产者一方自由发挥积极主动性的干预；而且正如我们已经见到的，古典世界观虽然准备为国防的目的甚至为扶持新建工业的目的承认一定的例外，他们总的意见却是，如此资源配置的效果总要比在恰当的法律与秩序的框架内自由地做出的配置差。古典世界观厌恶在正常的商业贸易生活里出现家长统治；在它看来，家长制包含了在并非必要的活动领域内政府的闯入。

从那时以来，情况虽改变了许多，照我判断，类似于前面提到的那些考虑仍然有效。关于政府机构，中央为民众提供的服务，从技术的优异及真诚上说，在世界上某些地方无疑改进了很多，然而它在执行工商业务的效率方面仍有严重的局限。这部分地与要求它从事的范围有关：在一个所谓的混合国家里，指派给国家机构的业务量，即使是让一群天使来干也不胜负担，更不消说他们只是现代公众管理部门的有才干的官员而已——我还遐想，未来不偏不倚的历史学家，至少会把 1935 年以来我们的部分不幸归诸如下的原因：不得不让浸透了疲劳毒素的人去办理太多的事务。再一部分则是因为民主政府所必须满足的要求。即使是最有效率的高级经理人才，假如让他处于要接受国会质询而且要为所做的事准备好已有先例的理由，他也会显示出官僚主义的特性来。像英国这样的社会，许多最有才华的人在今天正集中在文官制度的各级机构之中。但假如再考虑一下国会加诸他们的任务量，对他们所做的许多事情的裁决，就必定会与约翰逊博士关于女性布道的(执拗的)评论相类似:即令人惊讶的不是做得好而是竟然做了。

同样的考虑还可应用于政策的实质。确实不幸的是,关于政府的许多行动,在我们的时代仍可用家长主义来责难,其可应用的程度较诸古典系统出现的时期,毫不逊色。无论是在消费方面还是在生产方面,毫无必要的干预,限制了个人发挥其积极主动性的范围,使资源的配置和生产效率问题更加复杂化。确实,全面地看,这类政策的影响面甚至可能更加广泛。如果一个人考虑一下为扶持某一个政治目标,转移资源使用方向的情况——对农产品的贸易保护主义,支持过时的产业,培植卡特尔和限制性措施——很难相信当年亚当·斯密列举的,重商主义制度的可悲的缺点一览表,不曾被最现代化的工业国家所奉行的当代政策所超过——更不必提至少是某些所谓的不发达国家的那些几乎是喜剧性的荒唐事了。

正是因为这些理由——主管执行人员的效率以及本应由个人或其群体发挥积极主动性的领域,在政府闯入的情况下事情反而做得不好——即使丝毫也不否认国家的基本职能的重要性,而且还承认在现在工业社会里这样的职能在增加,仍然不能掩盖如下论据的极其有理:国家的行动范围应有限制,应限于如果政府不做就根本不会做的那些范围。分析到底,梅纳德·凯恩斯已经在他的《商业自由的终结》提出来的著名公式,对于德·阿尔让松的格言:要治理得好必须管得少,倒不是一种驳斥,反而成了一种新的解释。[①]

① 参见前文第一章。

不过,即使不考虑上面的内容,这一论据与上一节里展开的赞成自由的各种理由联系在一起,其正当性也具有深刻的道理。正如已在前面见到的,与个人抉择对立的集体选择,如果不是一致同意的,就包含了对某些个人爱好的否定。在市场里开价的消费者,施加着一种与他的开价成比例的影响。在资源初始分配的条件下,可以确切地说,它就是比例代表制的一次选举。与这样的一种事态相反,在任何集体选择的实际系统内的表决者,必须接受大多数的决定;所以在此情况下,少数人的希望要被践踏。这样说一点也不想反对集体决策本身:相反,只要涉及非差别性受益,如果不想使重要的职能无从履行,集体决策还是不可避免的。但让这样做决定的范围限制在最小限度之内的意见,又肯定是明智的。同样我们也不应该争辩说,国家决不应该涉足可能设想为可由个人去做决策的领域:存在着一些边缘地带,尤其是像教育及慈善救济职能,在那里所谓的“邻近效应”的阴影,有可能是合理争论的对象。但我们应该指出,凡是在消费与生产中个人的积极主动性是现实存在的地方,还要想证明集体决策更符合需要,证明的重负就切切实实地落到了赞成者的肩上:论据说的是另一回事。所以对于一个承认自由具有终极的道义正当性的社会,在这个非常基本的方面,论据仍然是:要治理得好,就要管得少。

第四节 自由与政府的形式

相信强制性的权威,相信它在建立与加强法制以及承认它在个人对之不感兴趣范围内实施其职能的必要性,本身并不决定这样的权威应如何组成的方式。应该把最终的权力授予一个人还是许多人？拥有权力的任期是与生俱来还是通过选举？如系后者，选举在什么基础上举行？所有权力必须集中于一个组织还是将权力进行可以设想而且实际的划分？是否存在法律与行政法令的细则必须与之一致的基本宪法原则？这些都是多少世代以来政治哲学特别关心的标准问题。

毫无疑问，在历史上的一定时期，在随便如何发挥想象力都不能算作自由主义的政府下，一直存在着生产与消费方面个人行动的广泛自由。劳动分工，在非人力的市场支配下的分工，并没有等候先有了民主政权才发挥它强大的潜力。过去一直有——现在也仍然有——极权主义的政权，它一直禁止生产中的积极主动性及消费中的选择自由。但也一直有其他同类型的政权，在它的治理下这样的自由却相当普遍。间或也可以观察到，在今日的某些政权下，因为在公共选举中多少体现了普遍的公民权，因而在这种意义下可以称之为“民主”的，但在那里这样的自由却十分受限制。但在现阶段我们关心的却是政府本身和如下的事实，即政治上不民主的权威并不总是侵犯其他方面的自由。正如哈耶克教授在他的经典著作《自由的制度》[①]中曾经强调过的，对个人的行动不加限制而又不侵犯其他人自由的一般自由，与享有选举权的政治自由，在认识上是可以分清的；而且在历史上也很明白，争取扩大选举权的运动并不总是与争取前一种自由的运动连在一起。

然而，如果我们的自由概念是指它的最广泛合理的含义，即不

① F. A. 哈耶克：《自由的制度》(芝加哥大学，1960 年)。

存在任何强加的限制，[1]下述情况确实必须描述为自由的剥夺：以这样或那样的方式不准许一个人参与他不得不遵从的法律的制定，以巧妙或强制的办法阻止人们走进投票大厅；达到成年年龄、受过充分教育而没有选举权的公民，无论他在其他方面多么自由，也必须认为遭到了歧视性的排斥。如果我们考虑到，在某些社会中，即使在现在，那里妇女和非白色人种在这件事上的情况，这样的歧视性排斥就不能认为是无关紧要的限制了。

与此同时又必须承认，这方面的自由，与一个人在消费和生产方面做选择的自由，要在不同的层次上考虑。我们已在前面见到，在所做的决策涉及无差别受益的特殊形式时，少数人的选择必定受到践踏。现在必须承认，政治上的自由包含的决策，涉及的不仅仅是无差别受益，而是要影响到法制与行政行为的整个框架，而且所有其他的选择活动都必须在这个框架内进行。就是说——但又不宜过分强调——它包含了毁灭自由的一种自由，即在技术上可以进行选择的广大领域内，强行摧残个人选择的自由。这样，对自由主义者来说，它代表相当特殊的问题。他可能承认——确实。照我的判断他也应该承认——在不牵连到对其他人责任的场合，个人有权用自杀的行动，最终结束或毁灭他自己的自由。但当社会并非处于明显的急难之中，如果少数人认为他们的自由会因此而毁灭，这时一个自由主义者对于多数人在这样的事情上强加于少数人的权利，就可能有理由持保留态度。他会无保留地否认君

① 这是说忽略掉会混淆问题的定义，将自由推广到免除匮乏、最低的生活标准等方面。参见拙著《政治与经济》，第93—94页。

主或寡头这样的少数人限制他们所统治的多数人的权利。但对民主的多数派限制不同意他们观点者的自由，他是否应该有所疑虑呢？

古典经济学家在这样问题上的态度，无法用简短的描述正确地说明。在18世纪，虽然休谟写到过政治性的题目，甚至放胆写了一篇论文《一个完善联邦的思想》。但无论是他或是亚当·斯密都并非热衷于改变当时英国政府的状况，那时候的英国政府或许还相当难以用今天某个简单的标题加以分类——可以简单说的唯一的事或许如下：它既非绝对的君主制，也还不是民主政体。不过，随着时间流逝，宪法改革成为更为广泛的争论题目。我不知道有哪一位重要的古典经济学家曾反对过1832年的改革法案。这个法案消灭了寡头制度下最坏的反常事例。但是，超出这个范围之外，在必须称为自由主义改革派的人中间，在其他方面就存在着尖锐的意见分歧。像麦考利，西尼尔和沃尔特·白芝浩这样的人，他们公开承认对进一步扩展选举权的忧虑，他们害怕穷人怀有——错误的——信念：分掉富人的财富会大大增加所有人的财富，从而导致对富有者的劫掠。还有像边沁及其追随者（包括李嘉图）这样的人，他们赞成在某些条件及例外下的普遍选举权。

对后一派的立场值得稍加注意，这样才能理解这些伟大的民主理论家的态度与今天的民主之间的实质性区别。

首先，不存在基于性别或种族的排斥。詹姆斯·穆勒确实考虑过最好不把妇女算在里边——我们都知道，他的婚姻是很不幸福的。但边沁和约翰·穆勒两人在这一点上全是积极的；后者写的《妇女的屈从地位》，确实必须认为是最有说服力的呼吁，给予两种性别以政治和法律上的同等待遇。至于在后一时期才问世的关于种族的伪科学，肯定会被他们全体认为是不屑一顾的谬见。

不过，他们确实假设参加投票表决的人具有被说理和劝导影响的能力——按照约翰·穆勒的定义，这是读、写和进行简单比例运算的能力。这个假设相当明显地排斥了不具备这种基本的文化与计算能力的人。这样，在现代民主国家里拥有选举权而不能读、不能写、计数超不过十的大众，在他们那里就丧失了投票。但毋庸多说，他们又与现代种族主义者的做法形成鲜明对照，认为这样社会中的政府有责任竭尽一切可能，尽快消灭这种无能状态，以消除这种不合格现象。虽说近几年来的发展可能是不可逆转的，我个人还是要支持古典作者们关于最低教育程度的保留，我也要以同样的坚决程度，支持他们关于国家义务的意见，国家要采取一切适当措施，保证所有的人达到必要的教育程度。

在古典立场中还有进一步的保留意见值得明确陈述。它坚决主张那些直接接受国家救济的人，在那样的状态下不应拥有投票权。理由很明白:那些接受由别人付账之利益的人，不应参与有关数额的决定。但也存在其他方式的考虑。假如接受救济的机会是自愿取得的，即他们采取了故意不愿工作的方式，撤销他们表决权的议论自然令人信服。但如果是不幸才使人需要救济——不自愿的失业，疾病或衰老——有关剥夺其权利的说法，就不那么有说服力了。我在此提出问题，并不是想用某种方式解决问题，而只是让人明白古典态度的逻辑基础，与此同时也指出它在合理的批评面前的薄弱环节，就我个人来讲，考虑到它关于文化程度的保留意见，我是不同意的。

除去这样的保留，早期的哲学激进分子似乎对于拥有普遍选举权的多数人的统治，再没有什么担心之处，约翰·穆勒并不这样，他写的《代议制政府》既马上表示了对这种事态的忧虑，又是赞成采用这种制度的最有力的议论。穆勒的担心是双重的。一方面，是个经验问题：他怀疑沿着这些路线组织起来的民主制，是否会产生充分合格的代表进行必要的领导。另一方面则是个原则问题：多数派一方的无限制的权力包括了压迫少数派的权力，在那些只与别人有关的事之外侵犯少数派的权利，按照他的判断，这就给政府提供了进行管制活动的永久性领域。在今天，很难说这些担心全是多余的。关于民主制的充分经验，足以使我们认识到，虽然有某些令人瞩目的例外，它并不一定产生出在才具与人品上都经得起明智判断的领袖。从功利主义的观点考虑，民主制唯一稳妥的可取之处在于它可以不经受剧烈的痛苦就更换领导人——这可不是无足轻重的优点。至于对少数派权利的侵犯，难道我们每天在身边的事情中还见得少吗？这种侵犯，有时受到了始终不渝又不瞻前顾后的理想主义的鼓舞，但更经常的则是出于妒忌的阴暗心理或出于对异常行为的褊狭不宽容态度。

这里讲的极少需要证明。如何对待它则是另一个问题。关于领袖，我怀疑我们能做的最多不过是继续沿着我们的思路推断，虽然迄今并不总证明有用，却可以希望总有一天，穆勒的说理及劝导会创造出一种舆论，它不会那么轻易地被似是而非、不可信任的意见所左右，并且对江湖骗子有更高的警惕性。萧伯纳的超人是不像会大量孵育出来的，并且在任何情况下都难以将他识别出来：而且，我们也全知道，超人的这位杰出的支持者，这位在其早年为社会提供了许多欢乐的剧目，驱散过那么多无聊东西的人，在他的晚年，出于对当代民主制的失望，竟对欧洲的几乎每一个无赖——希特勒、墨索里尼——都脱帽致敬；至于约翰·穆勒附带提到的建议：让资格优秀的人有复数投票权的建议，似乎没有更大的吸引力及可能性。作者本人在大学半个世纪的生涯，无论如何也不能使我相信，在高等院校里政治上有智慧的人的百分比会比社会上其他地方的多。

至于少数人的地位与保护，约翰·穆勒主要依靠比例代表制：这是实际上已经在许多现代民主制中以不同的形式采用了的一种做法。从原则上讲，肯定没有人会反驳他的议论；但在实践的层面上我却怀疑这样的安排的好处是否也与理论上的平衡。它所引起的混乱与争端，有可能比遵照简单多数制的，在程度上更大、更多。但它也倾向于走中庸之道，不再有激烈的两翼，而且政策各线可有更大程度的连续性。将各个方面都考虑进去，它或许要比另一种方案——简单多数制——好些。我也并不认为它形影不离的伴侣，即缺乏“坚强的”政府，一定是个缺点。可以肯定，英国在战后奉行简单多数制的记录，并不明显地优于采用另一个系统的别的国家，因而也不足以让人坚决抵制这一种方案的试验。

不过，分析到最后，如果要像此处所讲的那样，以最大限度地保卫总的自由为目的，仅是这样计划的制度，还是不够的。有可能在任何政府形式下都不存在这个问题的最终解答——我们对现代民主制的批评，并不意味着君主制或寡头统治在这方面就一定更好。我们所能希望的，充其量只能是对匆忙的决策起到刹车作用。至于单院制政府，虽然总能符合民主理论的要求，却缺乏这种刹车机制，是否为比例代表制，全都一样。更加安全的办法是制定成文的宪法，并由独立的司法机构来解释，而且只在经过一段迟滞时间，有超过简单多数且达到约定比例的选民同意，才能加以修改。这样的一种安排，它的变革的速率，比诸由基础并不稳定但在法律上却有完全主权的政府做出的轻率决策，无疑要缓慢些。但考虑到它们要为之服务的主要职能，无论如何在国内方面极少会因为稍稍迟缓些就成为缺点。略事停顿，并且从司法上审查是否与基本的自由一致，这样的保证措施的意义，超出了人们因为相对的不灵活所带来不方便的指责。譬如说美国政府，在与受到法定程序安排的限制较少的政府相比，它唯一真正感到不利的领域，是在对外政策方面。不过仍然可以怀疑，这种不方便到底是成文宪法与分权制原则的内在性质，还是偶然的较不重要的表现。但无论是或不是，在这个世界上同时并存着许多独立国家的事实，也提出了要求进一步研究的问题，即便是在本章所必定要选用的概括化的层面上，也是如此。

第五节　国际关系

我们已经考察过被国际关系的自由主义理论引为基础的荒谬的愿望。这些愿望忽略了既往的教训，即由地方的独立经济政策引起的不协调，只能在推行这样政策的权力被国家政权取代时才会消灭；这些愿望还假设，只要用睿智的分析，向有关各国的权威证明干预货币与商业的缺点，就可以使他们禁绝这样的行为。虽然都明白，经济自由体系没有国家内部的法律与秩序的框架也能正常运行的假设，与自由主义的最基本的原理相反，这些愿望仍然自觉或不自觉地假设，对于生活在不同国家的人之间的交易，不加以疏导或限制，也能运行——这样的假设，与其称之为古典的自由主义，倒不如称之为哲学的无政府主义更加适宜。

比这点更糟的是历史的自由主义与民族主义及其强调的独立自主权纠缠在一起。当然，只要对民族主义运动的支持，仅仅意味着反对根据宗教和种族的差异在选举权和就业上推行种族歧视，那与基本的自由主义世界观并没有什么不一致，甚至确实可说是合拍的。但治疗这些弊病的办法是消除这些歧视，而不是创建有独立政府权力的新中心，这些中心除去没有强制力的模糊的所谓国际法之外，不受任何约束。创建这样的中心，对于有害于自由主义基本原则的趋势，确实起了助长作用。当常常与民族差异连在一起的语言差异——这是仅次于宗教的、妨碍社会与社会之间理解的分裂因素——这个带感情的因素与那些趋势结合在一起时，民族主义就成为增加西方文明注定不得统一之趋势的强大影响。有一种说法，似乎罗曼蒂克的民族主义是在过去从未发生过激烈冲突的世界上突然出现的。这自然全是无稽之谈；王朝的征战，商业的贪婪，教派的仇恨，这些血渍斑斑的事实构成了罗马帝国分崩离析以来的大部分历史背景。可以合理地指出，民族主义的兴起，在许多情况下明显地取代了宗教的狂热，但它又成为——而且仍然成为——实现古典自由主义目标的新障碍。在这方面，汉密尔顿的基本命题，从来也没有被驳倒过。他写道：

一个人如果当真怀疑下述事实，他一定是深深陷入了乌

> 托邦的玄思冥想……世界上的国家只能或者是完全分裂，或者以部分邦联的形式联合，它们之间可能出现的再划分，也必定伴有相互间经常而激烈的冲突。为了反对上述事实的存在而假想没有这类争吵的动机，其实是忘掉了人类具有野心、报复和贪婪的天性。想要在独立不羁而又长期比邻的许多统治政权之间寻求协调的连续性，那是无视人事方面的一贯过程，而且也违反了多少世代以来积累起来的经验。[①]

所以，从原则上可以得出如下结论，政策的意图，应该是把在国内事务中为获得有序的自由已提出来的条件，亦即以强制性制裁和适当的司法审查为后盾的法律机构延伸到国际领域。这并不是说应该把所有的政府职能都集中起来；在当前，即使是在一国之内，也要把许多行政管理职能分散给地方；如果试图由任何联邦或邦联的权威来担当过去由民族国家权威行使的权力，很明显会严重地不利于效率。但它确有如下的意思：在独立的主动权存在的条件下，无论它是国防、外交方面的，还是经济的积极主动性方面的，如果一个自谋利益之单位的维持，如果地方间贸易与金融关系的管制，一句话，如果这些权力有害于国际的秩序与自由，它们就应该收归一个合适地组成的中央权威。这并不是说，只要还有语言或宗教的差异存在，就应该用偏执的限制将它们毁掉。但它确有这样的意思，即它们不应该成为国家独立性的神秘的基础，以致发展到破坏和平和阻碍遵纪守法的公民进行文明的交流。一个自

① 参见《联邦主义论文集》(伦敦，门特出版社，1961 年)，第 34 页。

由主义者会因为人类事务的多样性而欢欣鼓舞。但他又将运用一切手段去维护一种权威,以免有序的多样性受到威胁。

关于总的原则,就谈这些。但很清楚,为了使原则变为现实,一定程度的最起码的志趣相投是极为根本的;而且也并不需要有多大的实际判断能力就可认识到,在我们这个世界上,敌对意识形态以及不相等的人口增长率已将世界弄得四分五裂,只要这些影响因素继续存在,无论主要的权势之间的冲突真正具有多么骇人听闻的后果,想让世界沿着上面指出的路线组成联邦,就不是可能的事。无论未来会有什么可能,在我们的时代所能希望的,至多也只是比较自由的西方文明的保存。好到极点,这会包括大西洋联盟这个理想的实现,就是说,所有的政权全都承认法律和自由的原则,承担保护的责任,并承认稳定生产和贸易的先决条件,从而实现了所有这样政权的某种联邦。从成效极少处想,它包含了西欧国家的某种联合同北美就世界上其余地方有共同利益事情上的紧密合作。[①] 也有可能连这个也做不到,则自由社会的日子也就长久不了。但至少也可以说,所以会做不到的障碍正操在我们手中:只要严肃对待,并不存在不能超越的技术困难。需要我们做的就是少一点耽溺于既往的差异,多一点未来危险的意识以及有关克服危险的未来手段的远见。

但是,虽说这可能已经很难,却显然仍嫌不足。西欧和北美还不是整个“西方”文明;而假如想要保存这一文明,或更进一步,想使人道价值观发挥其影响,十分重要的是,西欧和北美作为人道价

① 参见《联邦主义论文集》,第167页。

值观的监护人，不管在历史上和现时有什么失误，当他们可能形成任何联合时，都应该眼睛向外，并与真诚地希望合作的其他人合作，特别是北大西洋联盟的其他签约国，也许这个联盟本身也要加以修订和重新被赋予生命。至于现时的像联合国这样的综合性联合，我认为不过是令人沮丧，徒费钱财的闹剧，除非在主要的西方政权之间有更强和持续的团结。但在这样的团结以及有意识地接受古典社会哲学理想的条件下，我还肯定地认为，不应该轻视通过一些较少混乱的国际联合组织——诸如关税及贸易总协定、世界银行、改革后的国际货币基金组织等国际联合组织——可能取得的和缓的进步。我认为，世界将会在相当长、甚至比人们惯常预见到的更长的岁月中，需要这一类的国际组织。而且我认为世界将需要大西洋社会的从事分析与说服的全部力量，来为人类的利益服务。所谓大西洋社会包括北美以及有希望成为联邦或邦联的西欧。①

第六节　自由社会的危险

尽管经济的发展已经将它的人民的生活条件提高到了人类历史上从未有过的水平，人们对于使他们能过这样生活的自发的积

① 说到欧洲的情况，到最后有可能包含一种共同的货币以及贸易和资本的自由运动；否则的话，分裂性影响会保存下来。但在目前的环境中，这却需要时间，而假如真的达到，这种货币对美元等的汇率会在一定范围之内自由浮动，也不会引起大惊小怪。但我们决不应该忘记，如果没有这样的共同货币，则非但不能与自由主义的理想一致，而且肯定还会包含有与自由主义背道而驰的控制的增生。参见《联邦主义论文集》，第162—163页。

极主动性系统的信念却已经亏蚀衰微；不稳定的货币以及侵害有序政府的权力集团的崛起，它们所包含的扰乱，使人们的心智陷入困惑。存在着一种增长着的趋势，急匆匆地趋骛于自诩的治世良方，结果不但本人垂头丧气，而且势必最终消灭自由自身。迄今为止，一直起着阻遏极权主义危险之作用的大西洋联盟，正因为缺乏保持强大所必需的牺牲精神，而日见其衰弱。

> 世事四分五裂，衷心彷徨无主，
> 但见无政府主义，到处张狂……
> 最美好者，追随乏人，
> 最丑陋的却满怀踌躇。

于是在沮丧的时间，一个人会不由自主地认为，在消灭任意妄为的权势和创造人道与文明方面所作的努力与成就，会屈服于不自由与不宽容，它们在人类的既往岁月中，除去少数例外，一直居于主导地位。这样的状态还因为近代的侦察手段及军事武器使它们有可能加强而在今天变得更糟。

这确实是我们可能的命运。但也不是不可避免的。大量显示在我们眼前的，是茫然而又近视的民族主义；支离破碎的国际秩序以及在一国之内工团主义权势的增长——它即使对温和的集体主义也属有害；对法制缺乏尊重；一种愚人自愚的绝对平均主义，以妒忌和短视的情绪为基础，它追求的不是机遇的平等——这才是崇高的目标——而只想把卓越的人及其报酬与己拉平；在这一切之上的，或许还有一种流行着的信念——它以不容置疑的科学成就作基础，并用通俗作家的经济论述来加强——即匮乏的时代已到尽头，只有愚昧无知或别有用心的利益才妨碍大家共臻小说家和传播媒介渲染的富裕生活标准，这种信念的流行，以超出所有统计比例的程度，夸大了真实情况。

这些都有可怕的影响，而且正像我们熟知的，为煽动家的似是而非的蛊惑的散布，为处心积虑与自由为敌者的无休止的诡计的得逞，提供了极大的机遇。但在天平的另一侧还必须放下如下的事实，单个公民理性思维与推理的能力正日益增长。在公共生活中，狂热及自我追求确是时下可怕的景象。但这些人与想要代表的许多人相比，反而正好显示出他们在道德与智能的力量上属于较低的等级。在当代民主制的公民中，有可能现在比以往任何时候，都拥有更多的善良，更大的容忍，更讲究礼仪，而且具有更好的能力——它跟眼下讨论的话题特别有关——只要坦率地说明情况，他们更能全面地理解相对复杂的形势。在经历过牢固的限制性措施和威吓新闻自由的一切世代之后，不也已经看到了妇女的解放以及为社会上一切人提供教育的机会了吗？

所以还不是绝望的时候。针对大众的宣传和让人们追求近视的自我利益的诱惑，它们所激起的兽性的力量，虽然有时似乎几乎不可抗拒，而一个新的黑暗时代也似乎迫在眉睫，但，即使这股力量已经实现了现在发生的一切，仍然难以令人相信普通老百姓的大多数，会心甘情愿地赞成使社会陷于混乱而自由被废止的政策。从短期讲，优势全在自由社会的敌人一边。就像弗兰克·奈特说的“坏话赶走了好话”。但从长远看，至少还存在着更明智的观点占上风的一种机会。无论如何，沿着这个假设前进，才是那些对文明的标准仍然怀有信念的人所能选择的、与他们的责任感与自尊心相一致的道路。给我们以启迪的睿智的先辈，经过艰苦的斗争方始赢得的成果，正受到宗教的替代物以及感情用事的单纯愿望的威胁。与其屈从妥协，何如起而抗争。

人名译名对照表

A

阿特伍德,托马斯　Attwood, Thomas

阿尔让松,马基　Argenson, Marquis

安东尼　Antony

B

巴布,大卫　Babour, David

巴林,弗朗西斯　Baring, Francis

巴伦尼　Barone

鲍莫尔,威廉·J.　Baumol, William J.

鲍林,约翰　Bowring, John

鲍利,阿瑟　Bowley, Arthur

鲍利,马里恩　Bowley, Marion

柏拉图　Plato

白芝浩,沃尔特　Bagehot, Walter

贝克尔　Becker

贝弗里奇,威廉　Beveridge, William

边沁,杰里米　Bentham, Jeremy

勃列日涅夫　Brezhnev

波珀,卡尔　Popper, Kaul

波普　Pope

布雷斯　Brace

C

查默斯　Chalmers

D

第欧根尼　Diogenes

E

埃利斯,威廉　Ellis, William

F

费边　Fabian

菲利普斯,弗雷德里克　Phillips, Frederick

弗内斯　Furness

弗里德曼,米尔顿　Friedman, Milton

伏尔泰　Voltaire

傅立叶　Fourier

富勒顿　Fullerton

G

格拉孔　Glaucon

H

J

K

L

M

nard

墨索里尼 Mussolini

梅尔本 Melbourne

米德,詹姆斯 Meade, James

米塞斯 Mises

明尼卡,弗朗西斯·E. Mineka, Francis E.

穆勒,约翰·斯图亚特 Mill, John Stuart

穆勒,詹姆斯 Mill, James

N

奈特,弗兰克 Knight, Frank

诺曼,乔治·华德 Norman, George Word

O

奥弗斯通 Overstone

奥布赖恩,D. P. O'Brien, D. P.

奥茨,华莱士 Oates, Wallace

P

帕累托 Pareto

佩蒂 Petty

佩思顿,莫里斯 Peston, Maurice

培根,弗朗西斯 Bacon, Francis

彭宁顿 Pennington

庇古 Pigou

普雷斯特,A. R. Prest, A. R.

普兰特,阿诺德 Plant, Arnold

普莱斯,弗朗西斯 Place, Francis

Q

乔治,劳埃德 George, Lloyd

S

萨伊,J. B. Say, J. B.

桑顿,亨利 Thornton, Henry

斯密,亚当 Smith, Adam

斯拉法 Sraffa

斯图尔特,詹姆斯 Steuart, James

斯托厄尔,T. Stowell, T.

斯科特 Scott

苏格拉底 Socrates

索雷尔,乔治 Sorel, George

T

陶西格 Taussig

托伦斯,罗伯特 Torrens, Robert

托克维尔 Tocqueville

图克 Tooke

W

瓦伊纳,雅各布 Viner, Jacob

韦克菲尔德 Wakefield

韦斯科特 Westcott

韦伯,比阿特丽斯 Webb, Beatrice

威灵顿 Wellington

威尔逊 Wilson

翁肯,奥古斯特 Oncken, August

图书在版编目(CIP)数据

过去和现在的政治经济学:对经济政策中主要理论的考察/(英)莱昂内尔•罗宾斯著;陈尚霖,王春育译. —北京:商务印书馆,2024
(汉译世界学术名著丛书:120年纪念版:珍藏本:增订本)
ISBN 978-7-100-23920-2

Ⅰ.①过… Ⅱ.①莱…②陈…③王… Ⅲ.①政治经济学—研究 Ⅳ.①F0

中国国家版本馆 CIP 数据核字(2024)第 087065 号

汉译世界学术名著丛书
(120 年纪念版·珍藏本·增订本)
过去和现在的政治经济学
对经济政策中主要理论的考察
〔英〕莱昂内尔·罗宾斯 著
陈尚霖 王春育 译

商 务 印 书 馆 出 版
(北京王府井大街 36 号 邮政编码 100710)
商 务 印 书 馆 发 行
北京新华印刷有限公司印刷
ISBN 978-7-100-23920-2

2024 年 5 月第 1 版 开本 710×1000 1/16
2024 年 5 月北京第 1 次印刷 印张 14½
定价:82.00 元